新时代中国建筑装饰业高质量发展指导意见

中国建筑装饰协会 编

化学工业出版社

·北京·

内容简介

本书在绪论篇回顾了过去十年我国建筑装饰业取得的成就、目前存在的问题及挑战，以及《指导意见》编制的必要性及其重大意义。在总论篇讲述了建筑装饰业发展的指导思想、基本原则、总体要求、发展目标、行业发展的九大主要任务。在分论篇详细介绍了行业三大细分领域（公装、幕墙、住宅）的发展现状、发展方向和高质量发展路径，建筑装饰设计的发展趋势、发展路径，及新兴市场领域的新机遇等。在行业服务篇，介绍了中国建筑装饰协会的"四个服务"职能，推动建筑装饰业高质量发展的具体举措等。最后通过高质量发展优秀案例，在实践中将指导思想融会贯通。

本书不仅适于建筑与室内装饰行业的企事业单位以及相关的政府管理部门使用，也适合建筑设计师及相关行业从业者阅读。

图书在版编目（CIP）数据

新时代中国建筑装饰业高质量发展指导意见 / 中国建筑装饰协会编. —北京：化学工业出版社，2024.1
ISBN 978-7-122-44519-3

Ⅰ.①新… Ⅱ.①中… Ⅲ.①建筑装饰业 - 产业发展 - 研究报告 - 中国 Ⅳ.① F426.91

中国国家版本馆 CIP 数据核字（2023）第 221668 号

责任编辑：王 斌 吕梦瑶　　　装帧设计：韩 飞
责任校对：王鹏飞

出版发行：化学工业出版社
　　　　（北京市东城区青年湖南街13号 邮政编码100011）
印　　装：北京缤索印刷有限公司
787mm×1092mm　1/16　印张11　字数145千字
2024年1月北京第 1 版第 1 次印刷

购书咨询：010-64518888　　　　　　售后服务：010-64518899
网　　址：http://www.cip.com.cn
凡购买本书，如有缺损质量问题，本社销售中心负责调换。

定　　价：98.00元　　　　　　　　　版权所有　违者必究

《新时代中国建筑装饰业高质量发展指导意见》

编委会

主　　任 | 王中奇

副 主 任 | 艾鹤鸣

特约顾问 | 余　斌（国务院发展研究中心副主任）
卢延纯（国家发展和改革委员会价格监测中心主任）
武　振（住房和城乡建设部科技与产业化发展中心副主任）

主　　编 | （按姓氏笔画排序）：
丁泽成　王汉林　叶国源
李　佳　连　珍　吴富贵
吴巧平　何静姿　张新宏
张勇军　张　童　陈光烁
周　涛　黄拥军

副 主 编 | （按姓氏笔画排序）：
齐洪庆　李贵丽　李振宇
邹　建　张　郁　张金涛
张　波　赵纪峰　蔡歧科

编　　委 | （按姓氏笔画排序）：
马光军　马红漫　王立艳
付　咏　任书东　齐金杨
孙晓勇　李配超　李卫青
杨　忠　杨德华　杨月洁
余　敏　沈鹤林　宋　振
宋　静　宋小永　张树胜
张广胜　屈桂林　胡作家
胡亚南　姜　威　袁东峰
苑　征　高　俊　徐翠媚
陶余桐　曾庆俊

总 策 划	中国建筑装饰协会
主编单位	苏州金螳螂建筑装饰股份有限公司
	浙江亚厦装饰股份有限公司
	深圳市建筑装饰（集团）有限公司
	上海市建筑装饰工程集团有限公司
	北京江河幕墙系统工程有限公司
	深圳远鹏装饰集团有限公司
	中建三局总承包公司装饰公司
副主编单位	深圳市建艺装饰集团股份有限公司
	山东天元装饰工程有限公司
	西安四腾环境科技有限公司
	重庆设计集团港庆建设有限公司
	重庆建工渝远建筑装饰有限公司
	武汉建工华达建筑装饰设计工程有限公司
	深圳市中深装建设集团有限公司
	苏州和氏设计营造股份有限公司
	北京阡陌十方数智科技有限公司
参编单位	安徽安兴装饰工程有限责任公司
	中建深圳装饰有限公司
	河北建工集团建筑装饰工程有限公司
	广东爱富兰建设有限公司
	河南国基建工集团有限公司
	中建新科装饰工程有限公司
	重庆兄弟装饰工程有限公司
	深圳市科建建设集团有限公司
	广州市美术有限公司
	山东博林装饰工程有限公司
	安徽居众建设集团有限公司
	深圳市建侨建工集团有限公司
	北京金隅天坛家具股份有限公司
	广东星艺装饰集团有限公司
	淄博金狮王科技陶瓷集团有限公司

前　言

改革开放 40 多年以来，民营企业是推动经济社会发展的重要力量。我国民营经济贡献了 50% 以上的税收、60% 以上的国内生产总值、70% 以上的技术创新成果、80% 以上的城镇劳动就业、90% 以上的企业数量。2023 年 7 月，《中共中央国务院关于促进民营经济发展壮大的意见》明确指出，民营经济是推进中国式现代化的生力军，是高质量发展的重要基础，是推动我国全面建成社会主义现代化强国、实现第二个百年奋斗目标的重要力量。

过去主要依靠要素投入、外需拉动、投资驱动、规模扩张实现的高速增长是不可持续的。2012 年党的十八大提出，把推动发展的立足点转移到提高质量和效益上来。从这一年开始，中国经济增速下调至中高速区间。2014 年党中央作出经济发展进入新常态的重要判断。2017 年党的十九大首次提出，中国经济已由高速增长阶段转向高质量发展阶段。2020 年 7 月 30 日，中共中央召开政治局会议，作出新的重要判断——中国已进入高质量发展阶段。

什么是高质量发展？高质量发展是党中央在新时代对我国经济发展阶段历史性变化的重要判断，是能够很好满足人民日益增长的美好生活需要的发展，是体现新发展理念的发展，是创新成为第一动力、协调成为内生特点、绿色成为普遍形态、开放成为必由之路、共享成为根本目的的发展，是从关注数量、速度转向关注质量、效益的发展。党的二十大进一步指出，高质量发展是全面建设社会主义现代化国家的首要任务。

中国建筑装饰业，素有"资源永续、基业长青"之优势，有"大行业、小企业"之业态，有"低门槛、高污染"之社会印象，行业集中度低、市场化程度高、同质化竞争激烈，且90%以上为民营企业。根据社会研究机构评估，2022年全行业工程总产值达6.03万亿元，占同期建筑业产值约19.5%。全行业企业总数约30万家，从业人员约1900万，已经成为我国经济社会发展的一支重要力量。

面对新形势、新任务、新要求，刚刚换届不久的第九届中国建筑装饰协会领导集体以高度的政治责任感，本着"服务国家、服务社会、服务群众、服务行业"的宗旨，在党的二十大召开不久，就决定集中力量，编制《新时代中国建筑装饰业高质量发展指导意见》（以下简称《指导意见》），以提振行业发展信心，明确发展方向，指出发展路径和策略，从而大力推动全产业链高质量发展。这是新一届协会领导班子贯彻落实党的二十大精神的重要举措，是开展学习贯彻习近平新时代中国特色社会主义思想主题教育的一个重要内容，是新一届领导班子认真贯彻落实今年初住房城乡建设工作会议提出的建筑业向"工业化、数字化、绿色化"转型升级要求的重要行动。协会全体干部职工和行业精英积极响应，踊跃参与。

经过调研和精心的筹划，2023年4月10日协会印发关于编制《指导意见》及征集编委会成员的通知，很快，行业头部企业、各细分领域的龙头企业、不同地区的领军企业踊跃报名,一支高水平、各种所有制皆有代表、细分领域全覆盖的编委会组建起来。2023年5月19~20日,第一次编委会在北京隆重召开,会上统一了思想,形成了编写大纲并进行了分工。事关我国建筑装饰业高质量发展前途和方向的一项重大工程由此正式启动了!

2023年7月28日,国家发改委等部门为全面落实《中共中央国务院关于促进民营经济发展壮大的意见》,又发布了28条具体措施。在此基础上,各相关部门也出台了支持民营企业发展的政策和措施。9月初,经中央批准在国家发改委成立了民营经济发展局。编委会乘此强劲的东风,及时将其重要精神贯彻落实到《指导意见》中来。在这些发展民营经济的政策和措施中,对民营企业发展的方向、制度保障和路径以及市场环境都进行了明确,可以看到民营经济的又一个春天正在向我们走来。

经过3次全体编委会议、一次主编会议、一次部分主编会议,若干次协会工作小组会议,又经过书面征求江苏、浙江、广东、山东、湖北、陕西、广西等省(自治区)建筑装饰协会意见建议,不断地讨论修改完善,《指导意见》经历了从无到有、一次一次的研磨、最终定稿的渐进衍生过程。面对完稿的《指导意见》,所有为之付出辛勤劳动的编委们既欣喜,又忐忑,欣喜的是汗水没有白流终于见到成果了,忐忑的是这个成果会得到全行业的认可吗?客观公允的评价,答卷能得多少分,这只能由行业大众来评说,由行业广大会员企业来给分!纵观编写全过程,通读整个文本,《指导意见》至少具备以下几大亮点。

第一，中国建筑装饰协会集中行业有代表性企业的力量，组织行业的专家群策群力，共同讨论编写《指导意见》，开创了行业协会编制此类文件的先河。过去行业协会编制"意见"类文件，基本上是参照政府相关文件进行改编，可以说是从政府文件到协会文件，从宏观到宏观，难以落地，难以得到行业会员的重视。而这次的编制工作，不再是协会单方编制一家之言，而是行业各方面专家的群策群力。编制的民主性较好体现了行业的共识，编制的广泛参与性能够深度结合行业的实际，反映行业的真实诉求，从而实现了从宏观到微观的转化，由此增强了它的可读性和亲切感。

第二，创新运用政府类"指导意见"的框架结构，将行业丰富生动的内容有机链接起来，使它既具政府类指导意见的"骨感美"，又具有行业饱满鲜活的"肉感美"，既有高大上的严肃的政策性，又有很接地气的通俗感。政府类似文件的结构一般包括指导思想、基本原则、总体要求、发展目标、主要任务、保障措施这几大板块，而本《指导意见》除了上述内容外，还增加了一个绪论，简要回顾了新时代十年建筑装饰业发展成就，重点讲述了编写《指导意见》的必要性和重要意义。这是一个创新之处。另一个创新点就在于重点增加了分论部分，从产业细分领域的角度，分别把设计、公装、幕墙、家装、材料等设专章论述，每章都从方向、路径和措施等方面进行了深刻的论述。这个创新点可以说是《指导意见》的突出亮点。我国早已进入老龄化社会，根据相关指标，现在已进入中度老龄化社会。党的二十大报告指出，实施积极应对人口老龄化国家战略，发展养老事业和养老产业。因此，《指导意见》专列一章"适老产业新机遇"，既揭示出适老化市场给建筑装饰业带来的巨大新机遇，又全面阐述适老产业的政策导向和发展前景。单列此章意义深远！

第三，《指导意见》的政策性、学术性和实用性、指导性实现了较好融合。政策性贯穿全篇，它是《指导意见》的灵魂，编制它的根本目的就是为了贯彻落实党的二十大精神，以及党中央、国务院关于住建事业的一系列方针政策。学术性体现在几方面：一是谋篇布局上，科学严谨，从绪论到总论、从分论到附录的优秀案例，前后浑然一体，紧紧围绕高质量发展，由宏观到微观，由理论到实践渐次铺开，渐次深入；二是绪论、总论高度凝练，高度概括，字斟句酌，都是专家在对整个建筑装饰产业进行深入研究的基础上提炼出来的"真经"，看似平凡的语言，其实蕴含了深刻的学术价值；三是分论每篇都独立成章，学术性更为明显。所以，从某种意义来讲，这与其说是一本高质量发展指导意见，不如说是建筑装饰业高质量发展课题研究成果，通过产业经济学的深入研究，指明产业转型升级、走高质量发展之路的方向和路径，重在以理服人，以学术性深入人心。而实用性、指导性是一体两面，从上往下，是指导性；从企业或读者视角来看，则是实用性。正是建立在政策性、学术性基础上，《指导意见》的指导性、实用性与生俱来，而且分论各专章的指导性、实用性、针对性更强，附录中的一个个代表性企业高质量发展的实践案例更具有生动的指导性，《指导意见》就是这样由抽象到具象递进式演绎，为各种不同类型的企业提供了问题答案、提供了开启高质量发展之门的金钥匙。

第四，首次总结回顾了新时代十年我国建筑装饰业发展成就，同时，通过深入梳理、发掘和比较研究，整理出一批重要的行业数据，这是《指导意见》的一大亮点，一个巨大的收获。如行业工程总产值数据、企业数、从业人员数、人均劳动生产率、科技创新方面的数据等等，都是专家们从权威部门、《建筑业年鉴》和《建筑装饰业年鉴》、专家公开的演讲和社会第三方研究咨询机构等方面广泛搜集和深入研究得出来的，每一个数据都凝聚了专家们的大量汗水和心血。这些数据不仅填补了行业的空白，而且特别难能可贵的是2022年工程总产值还和历史上对外发布的产值数有着内在逻辑上的一致性。在行业统计还不够完善的情况下，如此挖掘数据确实是被逼无奈之举，是不可持续的，虽然大体差不离，但精确度是有待商榷的，由此可见加强行业统计工作已成为当务之急。

来自31家企业的编委们为《指导意见》付出了辛勤劳动，贡献了智慧，也得到了编委会成员所在单位的大力支持，令人感动。国务院发展研究中心、国家发改委和住建部等有关单位的专家领导对《指导意见》给予了宏观指导，把好政策方向关。江苏、浙江、广东、山东、湖北、陕西、广西等省（自治区）建筑装饰协会的领导高度重视，并提出了很多宝贵意见建议。在此一并向他们表示诚挚的感谢！

古人云：金无足赤。由于水平有限，加之时间紧迫，《指导意见》定有不少缺憾甚至偏颇之处，敬请大家批评指正。

注目全篇，百感交集。汇千言聚万语，那就是深切期望建筑装饰业大大小小的企业家们，特别是广大民营企业家们，通过这本《指导意见》，找到方向、坚定信心、选对路径，坚守主业、做强实业，践行新发展理念，自觉走高质量发展之路，为实现我国建筑装饰业现代化做出更大的贡献！唯此，方不负《指导意见》及所有编委之初心！

东风阵阵扫尘寰，莫畏浮云遮望眼。

山重水复疑无路，装饰未来天地宽！

中国建筑装饰协会会长　王中奇

二〇二三年十月三十日

目　录

第一篇　绪论 　/001

第一章　新时代十年发展成就回顾 　/003
第一节　党的领导全面加强 　/004
第二节　行业规模不断壮大 　/004
第三节　生产方式重大变革 　/005
第四节　科技创新成果显著 　/006
第五节　质量水平稳步提高 　/007

第二章　现状与挑战 　/009
第一节　宏观经济影响 　/010
第二节　行业发展现状 　/010
第三节　企业自身建设挑战 　/011

第三章　编制《指导意见》的必要性及其重大意义 　/013
第一节　必要性 　/014
第二节　重大意义 　/014

第二篇　总论 　　　　　　　　　　　　　　　　　　　　　　　　　/ 017

第四章　遵循和愿景　　　　　　　　　　　　　　　　　　　　　/ 019
第一节　指导思想和基本原则　　　　　　　　　　　　　　　　/ 020
第二节　总体要求和发展目标　　　　　　　　　　　　　　　　/ 021

第五章　主要任务　　　　　　　　　　　　　　　　　　　　　　/ 023
第一节　以高质量党建引领高质量发展　　　　　　　　　　　　/ 024
第二节　完整、准确、全面贯彻新发展理念　　　　　　　　　　/ 025
第三节　推动工业化、数字化、绿色化转型升级　　　　　　　　/ 027
第四节　加强标准体系建设，促进高质量发展　　　　　　　　　/ 029
第五节　产业链协同发展，服务建筑全生命周期　　　　　　　　/ 032
第六节　加强信用建设，助力行业营商环境优化　　　　　　　　/ 033
第七节　提升管理水平，增强企业核心竞争力　　　　　　　　　/ 034
第八节　落实人才强国战略，加强人才队伍建设　　　　　　　　/ 035
第九节　培育产业工人，弘扬工匠精神　　　　　　　　　　　　/ 036

第三篇　分论 　　　　　　　　　　　　　　　　　　　　　　　　/ 039

第六章　设计引领高质量发展　　　　　　　　　　　　　　　　　/ 041
第一节　方案设计引领行业持续创新　　　　　　　　　　　　　/ 042
第二节　数字化设计引领技术迭代　　　　　　　　　　　　　　/ 043
第三节　绿色设计助力碳中和　　　　　　　　　　　　　　　　/ 044

第七章　公共建筑装饰新方向　　/ 047

第一节　工业化建造新方向　　/ 048
第二节　数字化建造新方向　　/ 049
第三节　绿色建造新方向　　/ 051
第四节　智能建造新方向　　/ 053
第五节　"专精特新"新领域　　/ 054

第八章　建筑幕墙发展新趋势　　/ 061

第一节　建筑幕墙发展现状　　/ 062
第二节　建筑幕墙发展趋势　　/ 064
第三节　建筑幕墙发展策略　　/ 067

第九章　住宅装饰装修新思路　　/ 073

第一节　住宅装饰的发展现状　　/ 074
第二节　住宅装饰的发展方向　　/ 075
第三节　住宅装饰的发展路径　　/ 077

第十章　装饰材料助力高质量发展　　/ 081

第一节　完善标准体系　　/ 082
第二节　提升产品质量　　/ 083
第三节　加强新材料研发　　/ 084
第四节　链通工厂与现场　　/ 085

第十一章　适老产业新机遇　　/ 087

第一节　背景与展望　　/ 088
第二节　空间功能提升　　/ 091
第三节　科技产品及智慧化应用　　/ 094

第四节　健全标准体系　　　　　　　　　　　　　　　　　/ 096
第五节　搭建适老产业供应链平台　　　　　　　　　　　　/ 096

第四篇　行业服务 / 097

第十二章　做好"四个服务"促进高质量发展 / 099

第一节　坚持以服务为本，深刻认识做好协会服务工作对推动
　　　　建筑装饰业高质量发展的意义　　　　　　　　　　/ 100
第二节　担当起服务重任，为建筑装饰业高质量发展砥砺前行　/ 102
第三节　政治建会、规范办会，为做好"四个服务"提供强有
　　　　力支撑　　　　　　　　　　　　　　　　　　　　/ 107

附录　高质量发展优秀案例 / 109

金螳螂：追求高质量、可持续发展是应对变化与周期的突围
　　　之道　　　　　　　　　　　　　　　　　　　　　　/ 111
从"拖泥带水"到"干净利索"——亚厦股份的工业化实践
　　　之路　　　　　　　　　　　　　　　　　　　　　　/ 115
数智科创铸造发展引擎，绿色低碳擦亮发展底色——深装集团
　　　持续走在科技创新和高质量发展的道路上　　　　　　/ 124
布局新赛道，国产首制邮轮高端"智"造——上海建工装饰集
　　　团践行现代化高质量发展之路　　　　　　　　　　　/ 129
BIM助力装配化，推动全链条高质量发展——武汉建工华达
　　　探索高质量发展的几点体会　　　　　　　　　　　　/ 134

天元装饰:"3+1"管理助推提质增效,扎根齐鲁成就区域
　　　强企 　　　　　　　　　　　　　　　　　　　　　　/ 140
大浪淘沙适者生——记生物与工业洁净工程建设者科建的蜕
　　　变与成长 　　　　　　　　　　　　　　　　　　　/ 145
港庆建设:"三个坚持"赋能装饰设计高质量发展 　　　　　/ 149
坚守标准,坚守品质——星艺装饰以品质交付闯出一个
　　　"星饰界" 　　　　　　　　　　　　　　　　　　　/ 153

第一篇

绪论

第一章　新时代十年发展成就回顾
第二章　现状与挑战
第三章　编制《指导意见》的必要性及其重大意义

第一章
新时代十年发展成就回顾

第一节　党的领导全面加强

新时代十年，党和国家事业取得历史性成就、发生历史性变革，很重要的一个方面就体现在坚持党的全面领导上。党的全面领导，是新时代坚持和发展中国特色社会主义的根本保障，也是建筑装饰业不断发展壮大的政治保障。

2012年以来，建筑装饰业紧跟党和国家发展战略，以高度政治站位和战略定力，践行初心使命和责任担当。全行业不断加强党的全面领导，主要体现在：一是从行业协会、国企到一定规模的民企，甚至到项目一线，党的组织建设基本实现了全行业全覆盖，党组织的工作全覆盖；二是党建与业务融合稳步推进，党建与业务相融相促成效显著；三是党建引领作用不断发挥，党"总揽全局、协调各方"的体制机制基本确立，在建筑装饰业发展中起到了很好的政治引领、方向引领的作用。总之，党的全面领导紧紧围绕企业"生产经营与改革发展"这个中心任务，凝聚思想共识，增强发展动能，党建与企业经营发展做到了同频共振。

第二节　行业规模不断壮大

建筑装饰业作为重要的实体经济，是国民经济的重要组成部分，为经济社会发展做出重要贡献。党的十八大以来，建筑装饰业发展规模在不断壮大。

工程产值稳步增长。2012年，行业工程总产值为2.63万亿元，经过十年发展，2022年全行业工程总产值达到6.03万亿元，是2012年的2.3倍，占

2022年建筑业总产值31万亿元的19.5%。

企业数量持续扩大，行业结构不断优化。据不完全统计，2012年，企业总数约14万家。其中建筑装修装饰工程专业承包一级、建筑幕墙工程专业承包一级的企业共有1804家，同时具有建筑装饰工程设计专项甲级、建筑幕墙工程设计专项甲级的企业共有654家。截至2022年底，行业企业总数约30万家，较10年前增长约114%。其中，建筑装修装饰工程专业承包一级企业26669家，建筑幕墙工程专业承包一级企业6866家，建筑装饰工程设计专项甲级企业2119家，建筑幕墙工程设计专项甲级企业1028家。根据企业信用网的数据，全国处于正常经营状态的家装企业约1.2万家。

就业人数呈上升趋势。建筑装饰业的稳步增长，不断为社会提供新增就业岗位。据不完全统计，2012年建筑装饰业从业人数约1550万，2022年上升至1900万。建筑装饰业为吸纳农村剩余劳动力、缓解社会就业压力做出了重要贡献。

劳动生产率明显提升。2012年，建筑装饰业劳动生产率为16.96万元／人，2022年增长到31.73万元／人，提高了87.09%。

第三节　生产方式重大变革

在全球新一轮技术革命的推动下，十年来，建筑装饰业作为改善人们生活和工作环境的重要行业，正发生着日新月异的变化。互联网、大数据、云计算、区块链等数字科技的创新加速和应用加深，推动了建筑装饰产业工业化、数字化、绿色化转型升级，也促进了智能建造等高科技领域对先进生产模式的创新探索。

在国家新型建筑工业化政策驱动下，以装配化装修为代表的设计、研发、生产、施工等相关产业能力快速提升，建筑装饰业大多数项目实现了装配化装修，项目进度得到了较好保障，施工质量大幅提升。

数字化转型是建筑装饰业转型升级的核心引擎。很多大型复杂公共建筑装饰工程运用建筑信息模型（BIM）技术，在前期测量、深化设计、工厂加工、现场安装等阶段，为项目实施降本增效。

建筑装饰业积极推进"四节一环保"，响应国家发改委和住建部联合发布的《绿色建筑行动方案》，在绿色设计、绿色建材、绿色施工等方面全面落实，进一步提高了环境健康指数，对我国的环境保护和人民生活质量的提高具有重要的推动作用。

第四节　科技创新成果显著

过去的十年，正是我国经济由低附加值的劳动密集型向高附加值的知识密集型、技术密集型转型的十年，也是建筑装饰业新旧动能转换，迈向高质量发展的关键阶段。

据不完全统计，建筑装饰业2012年国家高新技术企业14家，2022年新增国家高新技术企业近600家。截至2012年底，技术专利共计7358项，其中发明专利2153项；截至2022年底，技术专利共计45741项，其中发明专利13315项。十年间，技术专利增加38383项，十年累计增长率521%，其中发明专利增加11162项，十年累计增长率518%。

建筑装饰行业科学技术奖自2019年批准设立以来，截至2022年底，颁发建筑装饰业科技创新工程奖251项，科技创新成果奖322项，设计创新奖53项，科技人才34名。

CBDA标准优质发展。中国建筑装饰协会自2014年开始CBDA标准编制工作，截至2023年10月，已批准31批共111项标准立项，批准发布76项标准，在编标准35项。在工业化方面，组织编制了《建筑室内装配式装修施工质量验收标准》《住宅装配式装修技术规程》等 5 项标准；在数字化方面，组织编制了《建筑装饰装修工程 BIM 设计标准》T/CBDA58—2022、《建筑装饰装修 BIM 测量技术规程》T/CBDA65—2022 等 6 项标准；在绿色化方面，组织编制了《绿色建筑室内装饰装修评价标准》T/CBDA2—2016、《建筑装饰装修碳排放计算标准》T/CBDA69—2023 等 12 项标准；在人才队伍建设方面，组织编制了《建筑幕墙设计师职业能力水平标准》T/CBDA56—2021 等 4 项标准；在适老化方面，组织编制了《老年人照料设施建筑装饰装修设计规程》T/CBDA50—2021 等 4 项标准。

第五节　质量水平稳步提高

2012 年以来，建筑装饰业整体质量水平有效提升，为满足人民对美好生活向往做出了重大贡献。

工程质量稳步提升。十年来，建筑装饰业积极倡议全行业共同营造良好的市场秩序和发展环境，贯彻落实住建部《工程质量治理两年行动方案》《工程质量安全提升行动方案》等文件要求，扎实开展工程质量治理活动，深入推进项目经理责任制，全面落实质量终身责任，杜绝转包工程、违法分包等违法行为，共同营造良好的建筑市场秩序，工程质量得到大幅提升。

中国建筑工程装饰奖覆盖面不断扩大。申报企业和获奖企业数量显著增长。2022 年较 2012 年相比，申报企业数量不断增加，获奖企业数量增长 35.64%。十年来，中国建筑工程装饰奖充分发挥了示范引领作用，创优经验成为全行业的财富。

第二章
现状与挑战

第一节　宏观经济影响

宏观经济环境导致增速放缓。我国发展进入战略机遇和风险挑战并存、不确定难预料因素增多的时期，来自外部的打压遏制随时可能升级，内部改革发展稳定面临不少深层次矛盾躲不开、绕不过，各种"黑天鹅""灰犀牛"事件随时可能发生。中国经济发展面临较大的下行压力。

房地产市场供给正经历阶段性调整。房地产业正从过去的高杠杆、高周转、高负债向新发展模式平稳过渡，从量的快速扩张转向质的有效提升。

建筑业市场规模增量放缓。中国经济正从过度依赖投资增长向更加注重消费转变。近年来，投资增速和投资率均呈现逐年下降的趋势，给建筑装饰业的发展带来更多的未知因素。

第二节　行业发展现状

政策机制不完善。建筑装饰业是建筑业的专业细分领域，在国家大力推行总承包制的现状下，存在着总分包职责不清、管理费用收取混乱等现象，导致装饰分包企业的市场份额下降，效益受损，专业领域难以实现优质优价，对专业领域培育"专精特新"企业不利。

近年来，国家大力倡导装配化装修，推进新型工业化进程，但部分利好政策缺乏落地机制，缺乏相应的造价规则支撑，装配化装修市场发展缓慢。

区域发展不平衡。截至 2023 年 5 月，山东、江苏、上海、浙江、福建、广东等东部沿海省市的建筑装饰工程专业承包一级企业数量为 11663 家，占总数量的 43.7%，建筑装饰业存在"东强西弱"的发展现状。

行业供需不平衡。行业某些领域生产能力相对过剩，行业竞相压价，低价中标导致利润率过低；某些领域生产能力相对不足，"专精特新"企业比例偏低，没有形成合理的产业结构体系。

同质化竞争严重。企业经营范围、经营方式和经营能力趋同，体现不出各自的目标市场和特色优势，造成了建筑装饰业市场竞争的混乱和无序，加剧了工程发包领域的不规范行为。

人才发展不均衡。一是人才培养机制不健全。产学研用脱节，不能满足行业发展需要。二是人才知识结构不均衡。从业人员众多，但整体素质不高，管理型人才和技术创新型人才缺乏。三是从业人员年龄结构不合理。老、中、青断代，现场用工老龄化问题突出。

第三节　企业自身建设挑战

核心竞争力不足。一是技术创新能力薄弱，创新型人才储备不足，企业大而不强、小而不精。二是精细化管理水平不高，工程质量参差不齐。三是供应链整合能力不强，影响履约交付和客户满意度。

盈利能力不足。一是企业过于追求产值规模，不惜采取低价中标策略。二是企业管理和项目管理粗放，成本控制能力不强。三是应收账款占比攀升，增加了企业资金成本。

风险防控能力不足。一是风险防范意识不足，法律意识薄弱，重视经营工作，忽视风险防范。二是风险防范机制不健全，对风险的识别、分析、评估、应对能力不足。三是制度执行不到位，在安全、质量、资金、品牌管理等方面留下风险隐患。

第三章

编制《指导意见》的必要性及其重大意义

第一节 必要性

建筑装饰业是我国重要民生行业，关系人民福祉，是实现绿色低碳发展的重要领域。改革开放以来，建筑装饰业虽然取得长足发展，为改善人居环境做出重要贡献，但仍存在产业结构不合理、生产方式未发生根本性变革等突出问题，特别是受三年新冠疫情的冲击，叠加国内国际宏观经济下行，我国建筑装饰业如履薄冰，面临严峻挑战，行业发展的信心受到打击。因此，为了更好地提振行业发展信心，更好地满足人民对美好生活的需要，编制高质量发展指导意见非常必要。

党的二十大报告指出，高质量发展是全面建设社会主义现代化国家的首要任务。2023年2月中共中央、国务院印发的《质量强国建设纲要》提出，建设质量强国是推动高质量发展、促进我国经济由大向强转变的重要举措。因此，编制《指导意见》是贯彻落实党的二十大精神和质量强国战略的必然要求。

第二节 重大意义

2022年全国建筑装饰业工程总产值达到6.03万亿元，占当年建筑业总产值31万亿元的19.5%，带动超过1900万人就业，是我国重要的民生行业。编制《指导意见》对整个建筑装饰业具有重大意义。

有利于满足人民对美好生活的向往。 建筑装饰工程与人们日常工作生活息息相关，提出构建高质量的装饰工程体系，既满足消费需求，又符合服务扩大内需战略。

有利于加快行业绿色低碳转型升级。 实现碳达峰、碳中和，是以习近平同志为核心的党中央统筹国内国际两个大局做出的重大战略决策，这不仅需要依靠国家的政策推动，还需要各行各业的支持。为此，建筑装饰业积极响应"双碳"目标，持续探索减碳措施，带动社会共同践行"双碳"举措，助力实现工程项目零碳排放。

有利于形成推动行业发展的工作合力。 按照《质量强国建设纲要》中"强化工程质量保障"的要求，一是要强化施工单位工程质量主体责任，实施工程施工岗位责任制，进一步压实安全生产施工责任，筑牢安全生产施工防线。二是需要围绕扩大内需、消费服务升级，聚焦行业痛点问题，在人才培养、质量安全保障等方面加强行业联动，推动行业高质量发展。三是需要强化政府和行业协会的引导，建设公共监管平台，加强工程质量监督队伍建设，切实解决实际履约工程项目中存在的问题，形成推动行业发展的合力。

第二篇

总论

第四章　遵循和愿景
第五章　主要任务

第四章
遵循和愿景

第一节 指导思想和基本原则

一、指导思想

坚持以习近平新时代中国特色社会主义思想为指导，深入贯彻落实党的二十大精神，坚持稳中求进工作总基调，完整、准确、全面贯彻新发展理念，加快构建新发展格局，着力推动高质量发展，以创新为动力，以满足人民日益增长的美好生活需要为根本目的，深入实施质量强国战略，推动建筑装饰业工业化、数字化、绿色化转型发展，构建具有更强创新力、更高附加值、更加可持续发展的建筑装饰产业体系，实现行业的高质量发展。

二、基本原则

坚持创新引领。 突出创新驱动引领，强化科技研究和成果转化，推动新一代信息技术与建筑装饰业深度融合，打造建筑装饰的新产品、新业态、新模式，培育行业核心技术，提高科技竞争力。

坚持绿色发展。 推广绿色化、工业化、信息化、集约化、产业化建造方式，引导建筑装饰业进行标准化和模块化设计、制造和安装，促进建筑装饰装配化发展，减少材料和能源消耗，降低碳排放，实现可持续的高质量发展。

坚持质量第一。 要统筹质量发展与安全第一，坚持人民至上、生命至上，坚决把质量安全作为行业发展的生命线。以数字化赋能和信用管理为抓手，健全工程质量安全管理机制，防范化解重大质量安全风险，着力提升建筑装饰品质，推动建筑装饰业持续健康发展。

第二节　总体要求和发展目标

一、总体要求

"十四五"时期是实施城市更新行动、推进新型城镇化建设的机遇期,也是加快建筑业转型发展的关键期,中国建筑装饰业要对标"十四五"建筑业发展规划和 2035 年远景目标,力争到 2030 年中国建筑装饰业发展规模持续稳定增长,综合实力显著增强,全国建筑装饰业工程总产值力争超过 9 万亿元,发展方式向服务型、科技型、创新型转变,新一代信息技术与建筑装饰业更加深度融合,构建涵盖科研、设计、生产加工、施工装配、运营等全产业链融合一体的智能建造产业体系。到 2035 年,基本实现以数字化转型整体驱动建筑装饰业生产方式和治理方式变革,大幅提升行业工业化、数字化、绿色化、智能化水平,形成产业结构合理、标准体系完善、创新能力突出、工程品质提升的高质量发展格局。

二、发展目标

行业结构明显优化。行业头部企业品牌影响力进一步提升,地域骨干企业核心竞争优势进一步增强,"专精特新"企业数量大幅增加。产业协同能力进一步增强,形成产业链、供应链、价值链良性协作的格局。对欠发达地区进行有针对性的行业指导,根据地域特色,整合技术优势,提高专业市场竞争力。

科创能力明显增强。科技创新意识进一步加强,机制体制进一步健全,研发投入力度进一步加大,成果转化率显著提高,形成一批引领行业高质量发展的科技创新中心。到 2030 年,行业高新技术企业数量超过 1000 家。

绿色发展基本实现。积极贯彻落实"碳达峰、碳中和"目标,建筑装饰绿色低碳标准体系基本健全，工厂化预制、装配化施工、数字化加工等绿色装饰关键核心技术普遍应用，绿色供应链及配套产业体系基本完善，打造更多的绿色建筑装饰工程。

工程质量显著提升。积极贯彻落实质量强国战略，标准化设计、规范化施工全面落实，数字化、精细化管理水平全面提升，智能建造与工业化协同发展取得显著进展，建设端、设计端、施工端、采购端及运维端全产业链协同融合，精品工程示范项目大量涌现。

工程效益明显提高。在全行业树立工程全过程管理理念，健全管理体制，构建现代化管控体系。全面提升工程精细化管理水平，提高项目成本管理的信息化水平，降低成本，提高效益，同时拓展业务范围，提高项目附加值，增加项目利润率。

行业诚信大幅提高。信用承诺、监测、评价、激励与惩戒机制等闭环管理的信用体系基本完善，行业信用评价成果得到普遍应用，企业和行业从业人员诚信守法自律成为自觉，营商环境进一步优化。

人才结构基本合理。多元化的专业技术人才培养体系基本完善，产学研用一体化人才培养机制基本建立，新型建筑工业化专业人才和高素质技能人才供给基本满足，形成结构均衡、素质优良、作用突出的现代建筑装饰业人才发展格局。

国际市场有效拓展。积极参与"一带一路"建设，开拓国际化市场，加强国际交流与合作，主动参与国际标准编制和管理工作，提高中国建筑装饰业各项标准在国际市场的话语权。加强海外业务风险防控，提高对外承包能力，形成建筑装饰业国内国际双循环发展新格局。

第五章
主要任务

第一节 以高质量党建引领高质量发展

建筑装饰业要坚持不懈用习近平新时代中国特色社会主义思想凝心铸魂，忠诚拥护"两个确立"、坚决做到"两个维护"，旗帜鲜明讲政治，理直气壮抓党建，促进红色引擎作用更强劲，有力推动党的政治优势、组织优势和群众工作优势转化为行业发展的创新优势和发展优势，以高质量党建引领行业高质量发展。

一、政治建设

建筑装饰业要坚持党的全面领导，始终坚持以政治建设统领行业改革发展全局，抓党建、强党建工作扎实部署稳步推进，着力推动建筑装饰业的发展与党的政治建设同频共振，着力解决行业的痛点、难点问题，促进建筑装饰业一系列打通堵点、解决难点、消除痛点的创新实践落实落地。

二、思想建设

建筑装饰业要始终坚持以习近平新时代中国特色社会主义思想为指导，深刻领会其中的核心要义和实践要求，在思想建设中引领文化自信。习近平新时代中国特色社会主义思想是当代中国马克思主义，是中华文化和中国精神的时代精华，是我们谋发展、干工作、创事业、拓新局的根本遵循与行动指南。要引领行业始终用习近平新时代中国特色社会主义思想武装头脑、指导实践、推动工作，积极推动党的创新理论"飞入寻常百姓家"，在抓落实中推动建筑装饰业高质量发展。

三、组织建设

建筑装饰业始终坚持贯彻新时代党的组织路线，以正确的组织路线保证正确的政治路线，引导非公经济装饰企业成立党组织，鼓励装饰企业在"重大、重要、重点"等"三重"项目上成立临时党支部，将支部建在项目上，发挥党建引领作用，促进项目提质增效。同时以组织建设夯实建筑装饰业的创新基础，引导行业选优配强干部人才队伍，提升管理人才队伍，促进行业工匠队伍建设，发挥基层党组织的战斗堡垒作用，强党建、促发展的内生动力不断激发，党建优势切实转化成为建筑装饰业的创新优势、发展优势、竞争优势。

四、作风建设

推进全行业作风建设，把严的主基调贯穿始终。引导全行业广大党员干部要始终坚持以人民为中心的政治立场，把人民群众的安危冷暖放在心上，坚守工程质量安全的底线，以满足人民对美好生活的向往作为建筑装饰业的出发点和落脚点。激励全行业担当作为，为干事者撑腰，为担当者担当，弘扬全行业干事创业的新风正气。

第二节 完整、准确、全面贯彻新发展理念

创新、协调、绿色、开放、共享的新发展理念，是习近平新时代中国特色社会主义思想的重要内容，是确保我国经济社会持续健康发展的科学理念。当前，新型城镇化建设全面展开，在推进绿色建造和数字化转型背景下，国家政策对行业变革的驱动力不断增强，建筑装饰业正在经历新一轮产业革命的浪潮。因此建筑装饰业要不断深化对新发展理念的理解，把新发展理念完整、准确、全面贯穿到发展全过程和各领域。

一、创新

大力推动建筑装饰业的科技创新、管理创新，加快传统建筑装饰业与先进制造技术、信息化技术、绿色节能技术等融合，加快推进行业转型升级和提质

增效。加强科技创新，推动 BIM、互联网、物联网、大数据、云计算、移动通信、人工智能、区块链等新技术在建造全过程的集成与创新应用。加强管理创新，推动企业管理朝着标准化、数字化、集约化等方向深入推进。

二、协调

打破建筑装饰业的"碎片化"现象，开展产业链的纵向与横向协调，构建现代产业体系。一是产业链协调。统筹建造全过程全产业链，推动企业以多种形式紧密合作、系统创新，逐步形成布局合理、产业配套、技术先进的新型建筑工业化体系，实现建筑装饰业发展质量、结构、规模、安全统一协调。二是多专业协调。加强各专业成果与信息的共享，推动产业链的研发、设计、制造、采购、施工、运维等各环节的横向协同，积极发展重点优势领域，补强产业链薄弱环节，提升产业链韧性。

三、绿色

建立完善绿色建筑装饰和碳排放技术的标准和产业体系，大力推动绿色装饰关键核心技术攻关及产业化应用；提升工程建设一体化水平，推动装饰装修与建筑、机电等专业协同设计，加强绿色技术、工艺、材料的研发推广，大力推广标准化设计、工厂化生产、装配化施工、信息化管理和智能化应用的建造模式，探索建立项目全过程绿色施工动态考核评价体系，推动行业、企业建立绿色供应链。

四、开放

提升建筑装饰业开放发展水平，努力破除制约建筑装饰业高质量发展的体制机制障碍和地方壁垒，充分发挥市场在资源配置中的决定性作用，形成统一开放、公开公平、竞争有序的建筑装饰市场，持续增强建筑装饰业的发展动力和活力。构建技术开放格局，推动上下游产业链、大中小企业的技术协同和融通创新，推动科技成果的转化应用，巩固壮大产业发展新动能。积极参与"一带一路"建设，开拓国际化市场，构建建筑装饰业国内国际双循环发展新格局。

五、共享

建筑装饰业作为关系民生福祉的重要领域，坚持以人为本，坚持人民主体地位，做到发展为了人民、发展成果由人民共享，以智慧和科技探索品质人居的发展之道，与产业链上下游共同促进行业进步，形成技术共享、资源共享、成果共享的新局面，提供更多经得起时代检验的优质工程，满足人民对美好生活的向往。

第三节　推动工业化、数字化、绿色化转型升级

推动建筑装饰业高质量发展，重点是在工业化、数字化、绿色化三个方面发力，推动三化融合，协同发展。

一、推动工业化转型升级

建筑装饰工业化是通过新一代信息技术驱动，以工程全生命周期系统化集成设计、精益化生产施工为主要手段，整合工程全产业链、价值链和创新链，实现建筑装饰高效益、高质量、低消耗、低排放的建筑装饰工业化。

加强一体化设计。提升建筑装饰设计的系统化水平，推广通用部品部件的应用，推进工程全专业的标准化设计。强化设计引领，以设计带动全产业链纵向横向协同、多专业全面协作，实现设计、生产、施工、运维技术要素的高度融合。

优化部品部件生产。编制集成化、模块化建筑装饰部品部件标准图集，健全部品部件工厂化生产体系，推动专业化、信息化、规模化、集成化发展。完善部品部件配套技术，推行部品部件识别标识标准。推进部品部件认证工作，建立通用数据库，强化生产环节的质量责任和追溯机制。

推行精益化施工。完善与建筑装饰工业化相适应的精益化施工组织方式，引导企业研发与精益化施工相适应的施工工艺工法，形成融合企业流程与技术

要求的标准化施工工序，开发精益建筑装饰软件和平台，提高项目与企业各环节沟通效率。

二、推动数字化转型升级

建筑装饰业数字化转型升级，是使用信息互联网、大数据和人工智能等数字化技术手段，实现对行业和企业的组织管理、业务流程、建造技术和商业模式等的优化、重构，提高企业运营管理效率，提升建筑装饰业的生产力。

推广 BIM 技术的全过程应用。 加快推进 BIM 技术在新型建筑工业化全生命周期的一体化集成应用。充分利用社会资源，共同建立、维护基于 BIM 技术的标准化部品部件库，实现设计、采购、生产、建造、交付、运维等阶段的信息互联互通和交互共享。

加快应用大数据和物联网技术。 推动大数据技术在工程项目管理、招投标、信用体系等环节的应用，在施工安全监控、节能减排和智能建造中推广应用传感器网络、低功耗广域网、5G、边缘计算、射频识别（RFID）及二维码识别等技术，提升信息化监管能力。

发展智能建筑装饰技术。 将数字化设计成果通过信息化技术与生产加工系统对接，实现设计生产一体化，支持行业企业建立上下游产业链高效管理的信息化系统，打通设计、生产、采购、施工各环节，加快打造建筑装饰产业互联网平台，实现装饰产业全要素、全产业链、全价值链的互联互通。推广智能家居、智能办公、楼宇自动化技术，提升建筑的便捷性和舒适度。

三、推动绿色化转型升级

建筑装饰业绿色化转型，是指推广应用绿色建材、绿色建造、绿色运维，从材料生产阶段、建造过程阶段和建筑运维阶段的全生命周期，均实施节能减排要求，形成绿色建筑装饰生态系统。

绿色建材。 建筑装饰材料的选择应该遵循绿色低碳原则，选用可再生材料和可回收利用材料，减少对环境的影响。加快推进绿色建材产品认证，鼓励优先选用获得绿色建材认证产品。关注建筑装饰材料的生命周期，选择使用寿命长、可维修和可回收性的材料。

绿色建造。推行系统化集成设计、精益化生产施工、一体化装修的绿色施工方式。推行灵活可变的空间设计，减少二次改造或拆除造成的资源浪费。推广菜单式全装修模式，推广装配化装修技术，实现部品部件可拆改、可循环使用。

绿色运维。注重绿色低碳服务理念，提供全方位的绿色运维解决方案，包括节能改造、维修保养、功能提升等服务，鼓励建筑装饰工程碳排放计量标准制定和碳排放计算软件的推广，帮助客户实现绿色低碳生活方式，加强建筑维护管理，延长使用寿命。

第四节　加强标准体系建设，促进高质量发展

标准是经济活动和社会发展的技术支撑，是技术水平和自主创新能力的重要体现，在促进行业转型升级和提质增效，促进科技成果转化和培育发展新动能，保障健康安全环保等方面发挥着重要作用，是实现高质量发展的重要助力。

一、完善标准体系建设

响应国家的标准供给改革，大力发展团体标准和企业标准，积极参与国家标准、行业标准和地方标准的制定，加强工业化、绿色化、数字化标准编制，推进中国标准国际化。

优化标准供给结构。充分释放市场主体标准化活力，优化政府颁布标准与市场自主制定标准二元结构，大幅提升市场自主制定标准的比重。强化"一流企业做标准"理念，发挥好龙头企业在产业生态体系构建和供应链主导地位的优势作用，加强与关键配套环节中小企业的技术协作，联合开展标准研编，

形成全产业链协同推进、上下游协调配套的工作格局。鼓励企业积极参与国家标准和行业标准研编。支持领军企业联合科研机构、中小企业等建立标准合作机制，研究制定和发布团体标准，实施先进团体标准应用示范。鼓励企业构建技术、专利、标准联动创新体系，制定技术指标优于国家标准、行业标准的企业标准。

建立与完善相关专业技术标准体系。 聚焦建筑装饰工业化、数字化、绿色低碳、智能建造等重点领域，开展相关技术创新和专有技术、工法、标准的研发。推进 BIM 技术在装配化装修全寿命期的一体化集成应用，加快编制数据接口、信息交换等标准，实现设计、采购、生产、施工、交付、运维等阶段的信息互联互通和协同共享。完善装配化装修与钢结构建筑协同标准体系，推动建立钢结构住宅通用技术体系，以标准化为主线引导上下游产业链协同发展。研究建立绿色低碳、智能建造相关政策、技术、实施体系，构建覆盖建筑装饰全过程的建造标准体系。完善建筑工程质量标准体系，提高安全标准，强化工程质量保障的标准化措施。

推进建筑装饰标准国际化。 加强与有关国际标准化组织的交流合作，参与国际标准化战略、政策和规则制定。主动参与国际标准编制和管理工作，积极主导国际标准制定。加快我国建筑装饰标准外文版编译，鼓励重要标准制修订同步翻译。加强与"一带一路"沿线国家及地区的多边双边建筑装饰标准交流与合作，推动我国标准转化为国际或区域标准。加强我国标准在援外工程、"一带一路"建设工程中的推广应用。

二、健全标准管理机制

建立健全建筑装饰业的标准化管理机制，加大力度提升标准制定的质量与速度，完善配套措施与设施推进标准的执行效果。

完善标准制定程序。 优化标准立项流程，广泛听取各方意见，提高标准制定工作的公开性和透明度，保证标准技术指标的科学性和公正性。落实标准复审要求，加强标准验证能力建设，培育标准验证检验检测机构，提高标准技术指标的先进性、准确性和可靠性。

提升标准制定效率。推动科技创新成果高效转化为标准，加强新技术、新工艺、新材料、新方法的标准预研工作，提升标准研编的可行性，缩短标准研编周期。加大新产业标准统筹协调力度，加强跨行业、跨领域标准化技术组织的协作，提高标准研编速度，加快标准更新速度。推动行业协会、标准化专业机构、企业等加强标准化基础理论、工作方法和支撑能力建设，提高标准关键环节和主要内容的审查效率。

三、强化标准实施应用

积极推进政府主导制定的标准与市场自主制定的标准协同发展、协调配套，强制性标准守底线、推荐性标准保基本、企业标准强质量的作用充分发挥。

加强标准宣贯。充分利用世界标准日等主题活动，宣传标准化作用，普及标准化理念、知识和方法，提升行业人员的标准化意识，推动标准化成为经营管理、技术创新、工程施工的重要工具。鼓励行业协会、标准化技术组织、标准化专业机构等开展标准的宣贯和培训，引导企业在研发、生产、管理等环节对标达标，促进标准的应用推广。

强化标准应用。积极推动政策文件制定、政府采购、招投标、认证认可、检验检测活动中应用标准。推进以标准为依据开展产业推进、行业管理和质量监管。健全基于标准或标准条款订立、履行合同的机制，不断提高行业企业及从业人员学标准、用标准的意识。

加强标准的实施监督。健全覆盖政府颁布标准制定实施全过程的追溯、监督和纠错机制，实现标准研制、实施和信息反馈闭环管理。健全团体标准化良好行为评价机制。强化行业自律和社会监督，发挥市场对团体标准的优胜劣汰作用。有效实施企业标准自我声明公开和监督制度，将企业产品和服务符合标准情况纳入社会信用体系建设。建立标准实施举报、投诉机制，鼓励社会公众对标准实施情况进行监督。

第五节　产业链协同发展，服务建筑全生命周期

现阶段，建筑装饰业产业现代化水平不高，产业碎片化、产业链脱节、价值链断裂问题突出，资源要素配置程度低，产业集中度不高，整体大而不强、有而不好。产业链协同发展是实现建筑全生命周期服务的关键。建立产业链的重点在于企业，鼓励链主企业、龙头企业通过产业纽带、聚集孵化、上下游配套、平台能力、数据基础、开放应用场景和技术扩散等方式赋能中小企业。

一、打通产业链融通发展

通过设计与规划、材料供应与选择、施工与监管、运营与维护以及服务与管理等各个阶段的紧密合作，实现材料供应、设计深化、装饰施工、运营维保一体化的产业融合与要素协同，激发产业链价值链的变革和发展，实现产业链数字化，并推动产业链各个环节价值增值。发挥设计先导作用，加强设计施工协同发展，解决设计施工割裂矛盾，实现产业链向上延伸至建筑设计，向下拓展到建筑运维，打造具有较强市场竞争力的产业集群。加强产业链合作，解决产业链上的关键痛点、难点、堵点，实现融通发展。

二、完善企业全产业链服务

企业应根据自身核心竞争力需要，积极建立属于自己的产业链，增强装饰、幕墙、机电、智能化等设计施工专业配套能力，完善方案设计、施工图设计、施工图深化、测量加工安装、运营维保等全产业链服务，强化链式思维模式，建立链式联动机制，提升产业链、供应链现代化水平，服务

于自身发展。

三、推动产业互联网平台建设

产业互联网平台是推动建筑装饰业数字化转型的重要载体和手段。通过建立各阶段、各专业系统平台，增强供需匹配度，开展全流程服务，研制轻量化应用，深化生态级合作。加快产业级互联网平台的规划、建设、应用与协同，增强产业延展、跨界与融合的能力，创新产业生态新模式。

第六节 加强信用建设，助力行业营商环境优化

信用建设是国家治理体系和治理能力现代化的重要内容，也是行业良性有序发展的重要手段。为维护行业公平市场秩序，督促企业守信合法经营，推动行业自律、规范、和谐发展发挥了积极作用。

一、加强行业自律

在行业内积极宣传诚信经营理念，提高企业履约意愿和能力，倡导企业积极开展信用承诺，督促企业自觉践行行业诚信公约，引导企业遵纪守法规范经营，创造行业健康良好的营商环境。

二、完善信用评价体系

优化建筑装饰业信用评价体系，统一信用评价指标，扩充信用评价对象，在现有评价机制上，积极引入专家权威、市场评价、同行评价等更多角度的评价要素，利用大数据分析等方式，建立实时动态调整机制，提高信用评价的时效性、准确性、权威性、客观性。

三、强化信用信息平台作用

完善行业信用信息采集，健全企业信用档案，利用大数据记录、披露市场

主体的信用状态，发挥风险预警、防范的作用，形成有效的监督和管理。

四、推进信用评价成果应用

推进信用评价成果与行政审批、招投标、监督抽查、评优评先、工程担保、企业融资等事项挂钩。建立健全信用公开和信用激励惩戒机制，推进信用分级分类规范化管理。积极宣传行业信用先进典型和经验做法，积极推动以信用为核心内容的企业品牌培育工作，让信用为企业的健康发展赋能。

第七节　提升管理水平，增强企业核心竞争力

当前，建筑装饰业面临着更高的变革创新要求、更为严峻的挑战，企业要从整体上提高管理水平，不断增强核心竞争力，提升企业品牌影响力，才能在竞争激烈的市场环境中占据有利位置。

一、加强企业文化建设

文化是企业的灵魂，是企业发展的软实力。装饰企业要以企业发展为动力，建立符合自身特色、具有实际意义的企业文化。通过强化企业文化的方向性，建设企业文化的自觉性，创建企业文化的品牌性，增强企业文化的长远性，加强企业文化建设，以文化思想促生产动能，实现企业健康发展。

二、增强科技创新能力

建筑装饰企业要加强科技创新意识，完善科技创新机制，加大科技研发投入，通过制定科技创新计划，加强创新能力建设，建立人才保障机制，切实增强企业核心竞争力。

三、提升质量管理水平

建筑装饰企业要持之以恒地注重质量，通过建立质量管理体系，健全质量

管理责任制，加强过程质量管控，狠抓质量教育培训，不断提升企业质量管理水平，在建设质量强国的伟大历史进程中发挥重要作用。

四、强化风险防控能力

风险防控工作是企业管理至关重要的一环，通过建立风险防控组织体系，制定风险防控管理制度，增强企业风险识别和预判能力，加强过程风险管控措施，全面提升企业风险防控能力，确保企业健康可持续发展。

五、注重差异化发展

建筑装饰企业应从创新设计能力、技术研发能力、供应链整合能力、差异化服务能力等方面确立自身市场定位，精准捕捉自身发展优势，做专做精，打造核心竞争优势。

第八节　落实人才强国战略，加强人才队伍建设

随着建筑装饰业的科技含量迅速增加，工业化、数字化、绿色化的发展方向已经明确，以人为本的设计理念已逐渐成熟，建筑装饰业的人才需求趋向于多元化，亟需一批具备数字化管理能力、创新思维能力、团队领导和合作能力、跨界交流沟通能力的高素质人才队伍。

一、营造人才发展环境

积极营造尊重人才、求贤若渴的社会环境，公正平等、竞争择优的制度环境，待遇适当、保障有力的生活环境。在行业内鼓励大胆创新、勇于创新、包容创新，形成尊重知识、尊重人才的良好氛围。

二、健全人才发展机制

深化建筑装饰业人才发展体制机制改革。健全人才培养、使用、评价、服务、

支持、激励等方面的体制机制，加快形成有利于人才成长的培养机制、有利于人尽其才的使用机制、有利于人才各展其能的激励机制、有利于人才脱颖而出的竞争机制。

完善专业技术人才成长机制，根据从业人员专业能力、技能水平与岗位需求之间的差异，有针对性地开展业务知识竞赛、岗位练兵、技术比武等活动，提高其综合素质和业务水平。完善学习培训机制，营造浓厚的学习氛围，提高从业人员学习热情，提升自我学习的能力。根据行业发展需要制定相应的学习培训计划，提高培训针对性。完善评价考核选拔机制，提供公平公开的竞争环境和机会，促进人才队伍的稳定与发展。

三、加强产教融合培养

探索教研一体、学科交叉、产教融合、协同育人、联合攻关的创新模式，促进产学研用深度融合。推动高校建筑装饰专业建设与改革，创新符合行业发展及市场需求的人才培养模式，加强协会、高校、企业间的合作，建立实习实训机制，优化完善职业技能认证体系，实现全产业链人才培养，为行业输送高质量人才，助力转型升级。

第九节 培育产业工人，弘扬工匠精神

近年来，国家高度重视建筑产业工人的培育，明确提出把产业工人队伍建设作为实施科教兴国战略、人才强国战略、创新驱动发展战略的重要支撑和基础保障，把加快产业工人队伍建设作为工作任务，大力弘扬工匠精神。

一、建立健全产业工人培育机制

完善建筑装饰业产业工人队伍培育标准体系，建立统一行业职业（工种）

标准、培训考核标准和培训机构标准，推动行业搭建产业工人职业技能培训信息管理系统，做好装配化装修工人技能培训教材编写，启动装配式建筑技术工人职业培训考核工作。

二、加快产业工人队伍建设

推动行业劳务用工制度改革，强化自有工人队伍培养，以特殊工种、紧缺工种为主，吸收劳务用工中的优秀人才，培养具有一定数量、稳定的高技能自有工人队伍。大力发展专业作业企业，研究探索现场技能工人配备标准，推动工人技能等级提升。

三、建立技能人才多元评价机制

完善职业资格鉴定、职业技能等级认定、专项职业能力考核等技能评价方式，推动建筑装饰行业主要工种和紧缺工种的培训、评价全覆盖。加强与人社、财政部门沟通，推动特种作业人员、装配化工种等职业培训与考核发证。

四、保障产业工人权益

加强工会建设，推动劳务用工的规范管理，营造和谐劳动环境，开展智慧工地建设，提高工人综合素质，切实保障建筑装饰业工人相关权益；推广行业施工现场生活区域标准化管理，改善从业人员生活环境和居住条件；加强施工现场劳动保护，保障从业人员身体健康和生命安全。

五、大力弘扬工匠精神

鼓励企业大力培育建筑装饰工匠，加强对建筑装饰工匠事迹和工作成果的宣传，积极营造"寻找工匠、选树工匠、争当工匠"良好氛围；推进开展建筑装饰业劳动竞赛、技能比武，提升建筑工人技能水平。

第三篇

分论

第六章　设计引领高质量发展
第七章　公共建筑装饰新方向
第八章　建筑幕墙发展新趋势
第九章　住宅装饰装修新思路
第十章　装饰材料助力高质量发展
第十一章　适老产业新机遇

第六章
设计引领高质量发展

设计是工程建设的龙头和灵魂，有着至关重要的作用。目前建筑装饰业存在传统文化认知不全、绿色设计引领不足、方案实施可行性不强等问题。通过理念创新、文化传承、统筹管理、数字孪生等综合设计能力提升，真正实现设计引领、推动行业高质量发展。

第一节　方案设计引领行业持续创新

方案设计在引领行业持续创新方面发挥着重要的作用。随着新型建筑工业化、一体化设计等趋势的兴起，方案设计需要不断创新，引领行业持续发展。通过创新的设计理念和技术手段，为建筑提供更美观、舒适、实用的室内环境。

一、强化方案设计创新理念

充分体现以人为本理念。方案设计过程中，对用户的文化背景、地域特征、功能需求、使用习惯等方面信息进行调研与分析，以满足用户需求目标，将以人为本的理念贯穿设计全过程，结合项目实际建筑特征，采用先进的设计手法，提升生理与心理的舒适度，提高用户情感体验，实现空间与情感的交互。

注重文化艺术与科学技术。文化艺术是设计的思想内涵，设计是文化艺术的具象展现。艺术美感是设计的重要因素，科学技术是方案落地的重要手段。积累文化底蕴、提高艺术修养、提升技术能力。兼容文化艺术理念与先进科学技术方法，提高方案设计质量。

提倡装饰设计工作前置。装饰作为建筑工程最后一道工序，装饰设计需建立在建筑结构、建筑、机电等专业基础上，受前序专业影响较大，前置装饰设计充分参与到前序设计过程之中，减少各专业交叉对装饰设计产生的影响，实现一体化设计。

二、提升方案设计专业能力

强化设计理论基础能力。 贯彻执行设计规范与标准，深入了解用户需求，提高空间利用和布局能力，注重色彩搭配和材料选择，熟悉材料特性、施工方法、技术工艺等专业能力，增强设计的合理性、可行性、落地性。

提升设计成本把控能力。 加强对材料、工艺、设备、人工等成本费用方面的学习，对材料性能特点与工艺流程等数据做到熟练掌握，符合方案设计、施工图设计和深化设计等阶段的成本要求，实现方案设计与成本把控的最优结合。

提高设计管理统筹能力。 通过设计管理在装饰方案设计、施工图设计、深化设计、样板确认、施工生产、竣工验收等装饰工程全过程的价值体现，实现设计的引领作用，助力项目品质履约。

第二节　数字化设计引领技术迭代

当前，建筑装饰业要顺应数字经济时代潮流，创造数字红利。数字化设计是延续方案落地、实现产业提质增效、辅助装饰施工的有效手段。针对建筑装饰设计技术存在的设计方案落地难、各装饰专业技术之间协同弱、缺乏统一的标准规范、设计与施工结合欠紧密、信息共享不全面等现状，借鉴制造业数字化发展经验，大力促进数字化设计技术的建设、推广、应用与协同工作。

一、建设装饰数字化设计技术体系

建立数字化设计技术标准，达到规范性、一致性；开发适用于不同领域和行业的数字化设计工具，提高数字化设计的效率和精度；加强数字化设计技术的推广应用，提高数字化设计的普及率和应用效果；加强数字化设计与建筑制造业的融合，提高建筑制造业的智能化水平，促进建筑制造业的升级和发展；加强数字化设计技术的创新应用，探索新的设计方法和设计理念，提高数字化设计的创新能力和竞争力。

二、建立数字孪生设计管理平台

加强顶层设计，建立数字孪生设计平台架构，运用数字化正向设计、参数化设计方法、可视化工序模拟等技术，实现各专业信息共享与设计协同，强化建筑、结构、设备、装饰等多个专业协同设计，提高设计方案的完整性和准确性，实现装饰设计的数字化转型升级。

三、推广人工智能辅助设计应用

加强人工智能（AI）技术的研究和开发，提高其设计能力；建立人工智能技术与人类设计师的协作机制，充分发挥两者的优势，提高设计效率和质量。利用无人机等手段采集数据制作虚拟 3D 模型，实现数据准确，可视简便。将设备、工艺建立数据库，进行 4D 虚拟建造，通过可视化预演练和施工过程模拟，对施工工艺、设备、材料等进行检查，减少返工的出现。BIM+VR 技术提供了便捷直观的模拟以及详细精确的分析结果，积极地推广成果应用有利于实现装饰行业"智慧施工"建设。

第三节　绿色设计助力碳中和

2022 年，住房和城乡建设部印发的《"十四五"建筑节能与绿色建筑发展规划》中明确，到 2025 年，城镇新建建筑全面建成绿色建筑，建筑能源利用效率稳步提升，建筑用能结构逐步优化，建筑能耗和碳排放增长趋势得到有效控制，基本形成绿色、低碳、循环的建设发展方式，为城乡建设领域 2030 年前碳达峰奠定坚实基础。

一、遵循绿色设计原则

建筑装饰绿色设计旨在减少装饰工程对自然资源的消耗和对环境的污染。

必须遵循资源节约、循环利用、能源效益、环境友好、健康安全、社会责任等原则。充分考虑部品部件及材料的回收可能性、回收价值的大小及回收处理方法，以达到材料资源和能源的充分有效利用，减少环境污染。

二、符合新型建筑工业化设计要求

推行装配化装饰隔墙系统设计、基层饰面一体化系统设计、综合机电模块化系统设计、结构饰面一体化系统设计、特殊空间结构装饰一体化设计等新工艺。重视建筑产品的耐久性、功能性、环保性设计，通过创新设计方法提升绿色化建造水平。

第七章
公共建筑装饰新方向

作为国家统计序列《国民经济行业分类》（GB/T 4754—2017）建筑装饰业三大细分类别之一，公共建筑装饰未来市场和发展潜力巨大。在"创新、协调、绿色、开放、共享"的新发展理念引领下，行业向工业化、数字化、绿色化、智能化发展趋势日益增强，企业向专业化、精细化、特色化、新颖化的"专精特新"领域发展转型势在必行。

第一节　工业化建造新方向

党的二十大报告提出到 2035 年基本实现新型工业化，推进新型工业化，加快建设制造强国。住房和城乡建设部等十三部门联合印发的《关于推动智能建造与建筑工业化协同发展的指导意见》指出大力发展装配式建筑，推动建立以标准部品为基础的专业化、规模化、信息化生产体系。这为公共建筑装饰工业化建造发展指明了方向。

一、发展现状

公共建筑装饰是较早采用工厂化生产和现场组装的领域。但公共建筑具有的特殊性和复杂性，使得初级的装饰工业化难以适应新型建筑工业化的发展需求。通过加强系统化集成设计、优化部品部件生产、推广精益化施工，加快推动新型建筑工业化发展，符合公共建筑装饰发展的新方向。

二、实施路径

建立新型装饰装配化建造体系。完善一体化深化设计体系，包括隔墙系统、墙面系统、吊顶系统、地面系统、集成卫浴、集成厨房、二次机电等集成系统深化设计。完善标准化管理体系，包括前期策划、深化设计、产品加工、现场装配、验收交付等标准管理体系。完善精益化施工体系，形成融合企业各级管理流程与项目技术要求的标准化施工工序。

建立装饰部品部件工业化全流程体系。形成通用建筑装饰部品部件的全程数字化、生产工业化、安装装配化、品控智能化等制造技术的互通衔接。部品部件的产品图设计遵循模数化、少规格、多组合的原则，安装图设计满足工业化生产和装配化安装。强化工业化部品部件全过程管控，加强部品部件运输、进场、施工安装、节点连接、密封防水等关键部位和工序管控。

推广智能化测量、检测与验收技术应用。通过智能化测量提升大型复杂空间测量放样精度和效率，通过智能化检测确保部品部件加工精度，通过智能化验收保障现场装配化装修质量，提升公共建筑装饰精益化建造水平。

三、保障措施

加强工业化建造技术创新研发。建立公共建筑装饰部品部件标准化数据库，为规模化推广提供技术支撑；创新多业态、多场景的工业化产品体系，为工业化在公共建筑装饰项目的应用提供技术解决方案。

建立工业化建造全产业链合作机制。建立与咨询、设计、加工、材料等公共建筑装饰工业化全产业链上下游企业的战略合作机制，为提高技术攻关和研发能力创造条件。

推动工业化和信息化深度融合发展。促进公共建筑装饰工业化建造过程中的信息数据共享，通过信息化平台集成先进的软件和设备资源，提高工业化建造的效率和质量。

第二节　数字化建造新方向

国家"十四五"规划明确提出，迎接数字时代，加快建设数字经济、数字社会、数字政府，以数字化转型整体驱动生产方式、生活方式和治理方式变革，利用数字化工具整合资源，对建造过程进行更加精准的控制、减少资源消耗。在此背景下，为了持续引领建筑装饰行业高质量发展，促进公共建筑装饰行业数字化建造技术发展势在必行。

一、发展现状

目前，大型公共建筑装饰工程中，复杂异形空间的设计建造需求日益增长，推动数字化建造技术全过程深度应用迫在眉睫。然而，数字化建造技术应用过程中，仍存在数字资源投入偏低、体系化应用水平不足等问题。基于 BIM 和云计算、大数据、物联网、移动互联网、人工智能等信息技术的融合应用落地，加快构建公共建筑装饰工程新型数字化建造体系，符合公共建筑装饰发展的新方向。

二、实施路径

稳步推动数字化高精度测量技术落地应用。促进无人机倾斜摄影、三维激光扫描等数字化测量技术与地理信息系统（GIS）、智能放样机器人等跨学科技术的融合应用，实现非接触式高精度、高效率数字化勘察测量作业，为公共建筑装饰数字化建造提供精准数据支持和实施依据。

建立健全数字化加工技术体系。建立三维产品下单模型与加工设备之间的数据桥梁，实现下单数据的自主、无损识别与高效率精密加工。应用数字化加工技术，实现装饰主材以及构配件的精准加工和快速生产，大幅缩短生产加工周期，确保加工精度，减少材料损耗，降低人力成本。

积极促进数字化安装技术的多元化创新。基于数字施工模型，结合虚拟仿真、智能放样等先进技术，实现高效、精准的数字赋能精致建造。通过交互式虚拟现实（VR）技术实现高拟真的前置施工模拟验证及优化；通过智能三维放样技术实现高精度、高效率的自动化放样。应用数字化安装技术，可以合理优化施工组织及资源利用，显著提升施工效率，确保安装精度，降低施工成本和安全风险。

加快推动依托虚实结合的数字化验收体系。积极开展工程质量验收过程中的数据采集、记录、分析等工作，结合相关行业标准，对工程建设质量和成果进行评定验收。关注基于增强现实、三维测绘等先进技术研究，实现基层施工、地坪施工等关键环节的数字化质量验收，大幅提高验收效率，减少人为疏漏，确保数据可追溯性。

三、保障措施

完善数字化建造管控体系。围绕施工现场"人、机、料、法、环"五大生产要素，建立统一的综合管理体系，实现信息集成、协同工作、数据共享与决策辅助，发挥过程数据的应用价值，保障工程进度、质量、安全、成本等管理目标的顺利实现。

建立数字化建造管理平台。通过构建上下联动的数字测量、数字设计、数字加工、数字安装、数字验收管理系统，实现工艺数据链全过程打通，以数字管理技术创新赋能项目提质增效。

重视数字化建造项目示范。选取典型数字化建造示范项目，通过项目实践推广应用，展示数字化建造优势，加强数字化建造落地应用深度。

第三节　绿色建造新方向

2020年9月，习近平总书记在第七十五届联合国大会提出"碳达峰碳中和"目标，2030年前实现碳达峰，2060年前实现碳中和。建筑业作为碳排放大户，在建造过程中碳排放量巨大，占全社会碳排放比例高，在推进实现"碳达峰、碳中和"的背景下，推动公共建筑装饰业转型升级，推动绿色低碳装饰建造，已成为构建绿色低碳发展经济体系不可或缺的部分。

一、发展现状

近年来，一系列政策措施正在推动建筑装饰业向绿色建造转型，尤其是在公共建筑中，对于功能性、舒适性、可持续发展性提出了更高的要求。提高低碳建材使用率、提升可循环绿色更新技术水平、建立完善建筑装饰绿色建造技术体系，符合公共建筑装饰发展的新方向。

二、实施路径

提高绿色低碳建材使用率。 坚持选用环保可再生材料、高耐久、可循环材料等绿色建材，采购具有认证标识的绿色低碳建材，加强建筑废弃物的回收和再利用，通过优化工艺和管理尽可能降低材料损耗，不断提高公共建筑装饰建造过程绿色低碳水平。

提升可循环绿色更新技术水平。 通过轻量化技术研究，降低预制构件自重，便于生产、运输和安装，减少装饰部品部件碳排放；通过单元模块装配率优化技术研究，提高预制构件集成度，加快部品部件施工效率；通过单元模块接口的标准化与通用化研究，大幅提升单元模块的装配率，实现公共建筑装饰可循环绿色更新。

完善建筑装饰绿色建造技术体系。 开展前期策划、设计研发、加工安装、验收交付、运维更新各阶段的绿色建造技术研究，重点针对装配式工艺、先进性工具、绿色装备推广应用，全面推行清洁作业，提高资源回收利用率，形成适用于公共建筑装饰工程的绿色建造体系。

三、保障措施

遵循绿色建筑评价标准。 公共建筑的绿色建造应遵循国家和地方的绿色建筑评价标准。建筑装饰企业应确保项目设计、施工和运营符合相关标准的要求，从材料选择、能源利用、环境保护等方面进行全面考虑。

重视节能与资源循环利用。 建筑装饰企业应注重公共建筑的节能设计和资源循环利用。通过采用高效节能设备、智能控制系统和节能灯具等措施，降低能耗。同时，推广水循环利用系统、垃圾分类处理等措施，实现资源的最大化利用和循环使用。

建立绿色供应链管理体系。 建筑装饰企业应与供应商建立绿色供应链管理体系，确保供应的材料和产品符合环保要求。通过与供应商的合作，促进环保技术和创新的推广，共同推动公共建筑绿色建造的实施。

第四节　智能建造新方向

住房和城乡建设部等十三部门联合印发的《关于推动智能建造与建筑工业化协同发展的指导意见》指出，要以大力发展建筑工业化为载体，以数字化、智能化升级为动力，创新突破相关核心技术，加大智能建造在工程建设各环节应用，形成涵盖科研、设计、生产加工、施工装配、运营等全产业链融合一体的智能建造产业体系，探索适用于智能建造与建筑工业化协同发展的新型组织方式、流程和管理模式。这为公共建筑装饰智能建造发展指明了方向。

一、发展现状

针对公共建筑装饰工程建造仍然存在智能化程度较低的问题，加大智能加工设备、智能施工机器人、智慧工地管控系统和智慧运维管理平台的研发与应用，推进智能建造是实现公共建筑装饰高质量发展的新方向。

二、实施路径

加强智能加工技术研究。基于传感器、控制系统和机器人等技术研究，强化加工过程智能化管控，通过对加工设备和工艺参数的实时监测和调整优化，有效提高装饰部品部件生产效率和产品质量，降低能耗和人工成本。

推广智能建造机器人应用。基于先进信息技术、自动化控制和机器人技术，不断发展具备人机交互、环境感知、自主学习功能的建筑装饰机器人智能施工装备，应用于不同施工场景，减少人力资源投入，同时提高建筑装饰施工效率和质量。

加快智能管控平台研发。建立集现场可视化与大数据分析于一体的企业级智能管控平台，创新集业务应用、量化分析及孪生仿真、智能决策于一体的"数智化"管理模式，提高公共建筑装饰项目智能管控水平。

三、保障措施

加强智能建造技术创新研发。通过引入先进的数字化、自动化和智能化技术，同时加强与科研机构和高等院校的技术交流与合作研发，共同推动智能建造技术创新发展。

完善智能建造技术管理体系。通过智能加工设备结合工业化生产技术，提高生产效率和质量稳定性；借助智能施工装备与机具，实现更高效、更精确、更安全的施工；结合人工智能、物联网和大数据等技术，实现公共建筑装饰建造过程智能化管控。

第五节 "专精特新"新领域

拓展"专精特新"市场，是提高企业核心竞争力、开展差异化市场竞争的有效途径。"专"指专业化。即专注深耕专业核心业务，掌握专业化施工技术与配套资源能力。"精"指精益化。即提升精益建造、精益管理与精益服务能力，提升品牌美誉度。"特"指特色化。"新"指新颖化。在建筑装饰业竞争日趋激烈的背景下，"专精特新"将成为区域骨干企业、专业型企业、中小型企业生存与发展的重要方向。

一、城市更新领域

"城市更新"的提法，在我国首次提出于 2019 年 12 月的中央经济工作会议，并于 2021 年 3 月首次写入 2021 年政府工作报告和"十四五"规划文件，由此而上升至国家战略层面。城市更新无疑是未来建筑装饰业发展的蓝海，建筑装饰业的城市更新包含了历史街区、工业遗存、综合商业体、酒店、公交枢纽等建筑更新改造方向，为行业未来发展提供了巨大市场。企业应根据市场需求和自身优势选择适合的业务板块，并提供包含功能提升、建筑安全、数字转型等高质量技术服务，推动城市更新健康发展。

提升绿色更新技术创新水平。面向既有建筑低碳施工与使用功能的升级需求，积极采用绿色拆除、轻量化设计、可逆式安装等绿色更新方法，实现既有建筑使用性能提升与形象建设要求。

有效提升既有建筑安全性能。根据既有建筑改造需求，分析消防安全、结构安全、电气安全等风险要点，建立既有建筑改造安全评估体系。采用数字化结构监测等方法，确保既有建筑更新过程的安全性。通过结构加固、合理消防规划与设计、规范更新电气系统与设备，确保建筑使用的安全性。

积极推行数字化技术融合应用。推行数字化精测技术，精准获取既有建筑信息，为改造工程提供可靠数据基础。积极采用数字化实时监测技术，提升改造工程的安全性。建立既有建筑改造数据库，为建筑后续运维提供保障。

二、医疗康养领域

医疗康养是将医疗、养生、康复、保健融合在一起的全新理念，旨在通过综合性的服务，满足人们对健康的多层次需求。建筑装饰业医疗康养需要突破不同区域的使用需求、洁净空间的功能需求、不同领域的专业协同等难题，其涉及综合设计、工艺提升、材料选择等多方面因素。提升空间功能设计、专项产品开发、多元交流合作的综合水平是满足医疗及养老建筑的建造要求的有效途径。

提升专业空间设计能力。面向医疗康养空间的功能需求，提升适老化与人性化功能设计能力，包括：无障碍设施、医疗守护、急救系统等。提升装配化工艺设计能力，解决专业空间的洁净、防火、耐久等高标准需求。结合数字化协同设计，解决医用气体、射线防护、医疗设备安装和医疗动线安全等多专业协调问题。

提升专项产品创新能力。面向医疗康养的特殊需求，重点关注舒适性、便捷性、安全性等因素。例如：高性能的隔音保温、环保、抗菌、易清洁等特殊功能的装饰材料开发等，提高医疗康养环境的舒适性和安全性。

鼓励多元交流合作。与医疗机构、康养机构以及相关行业的企业建立合作关系和联盟，共同推动医疗康养建筑装饰领域的发展。例如，与医疗设备供应商、康养服务提供商等进行合作，加强市场推广和宣传，利用互联网和社交媒体等渠道进行宣传，吸引目标客户群体。积极参与国际医疗康养建筑装饰领域的交流与合作，学习国际先进经验和技术，提升产业竞争力，推广医疗康养建筑装饰的中国品牌。

三、展示陈列领域

现代展陈形式和手段越来越多样化，传统的展陈形式正在被网络化、多维化的展陈体系所替代，展陈模式向参与模式、交互模式、场景模式、数字模式转化。新形势下促进展示陈列领域朝着高质量发展，创新技术的应用将为展示陈列领域提供新的机遇。

促进创新性与科技性相互融合。吸取展陈设计思想和方法，合理利用现代科学技术成果，因地制宜，赋予当地的地域文化特色，敢于创新思考，确立精品陈列目标，建立完善的保障机制。

强化展示陈列空间合理布局。科学规划馆内区域空间，运用虚拟化与智能化的布展陈列处理技术手段，营造动态感与人文情感内涵的藏品展示空间。

推动数字化陈列展览技术创新。不断更新观念，开拓创新，利用虚拟现实、现实增强、4D影院技术、环幕球幕投影、全息成像等多媒体技术，实现沉浸式体验，激发观众主动性和好奇心，提高文化宣传效果。

加快在线展览数字化转型。通过人工智能、3D制作数字化打造线上展馆，实现社会教育、文化传播的功能，将文字、图片、语音、在线场景漫游于一体，通过在线展览和讲解实现快捷分享与传播，推动文化遗产的数字化转化。

四、主题文旅领域

主题文旅在满足人民文化需求、凝聚人民精神力量、增强国家文化软实力方面发挥积极作用，为全面建成小康社会提供了有力支撑。中共中央关于制定

"十四五"规划和 2035 年远景目标纲要提出，以改革创新为根本动力，加快发展文化事业、文化产业和旅游业，推进文旅融合、实施创新发展。打造主题文旅产业，利用当地文化为创作背景，构建核心文化体系，整合文化和旅游各类要素，应用新技术为文旅发展提供全新动能，推动企业在新时代、新需求中探索文旅融合的新方向。

构建核心主题文旅体系。深入挖掘最具价值和垄断性的文化来塑造项目的核心吸引力，发挥地域文脉在"活化"地域文化资源、打造特色主题文旅品牌中的支撑作用。依据项目自身独特性和差异性，提炼核心文化，塑造建筑风格、主题景观、设备设施等文化载体形式，创造出符合项目定位需求的开发建造模式。

打造优质文旅 IP。文化旅游 IP 是一个整体，超级 IP 将是旅游演艺、主题公园、主题酒店、文旅小镇等多种形式组合起来的旅游生态。加强文化和旅游各类要素的整合，提升文旅 IP 的次元跨界吸引力、落地沉浸体验力及社交传播故事力，形成具有文化特质、品牌内核和主题特色的文旅板块体系。

科技赋能新文旅。在信息化、数字化飞速发展的时代，将 5G、云计算、大数据、物联网及人工智能等高新技术跨界融合，以全角色带入、超时空内容和强实体赋能的特征，完美衔接传统与现代，重点推出文化科技融合展示项目，打造沉浸式多场景体验空间，提供丰富多样的数字化新体验。

五、古建文保领域

近年来，国家高度重视城乡历史文化保护传承工作。习近平总书记作出一系列重要指示批示，强调历史文化遗产是不可再生、不可替代的宝贵资源，要始终把保护放在第一位。古建文保领域作为历史文化遗产的重要组成部分，也是民族自信、文化自信的重要载体，企业与从业人员应遵循保护第一、应保尽保的原则，并重视建筑遗产保护修缮技艺传承、弘扬中华民族历史文化价值、建立多方融合合作机制，解决好保护与发展之间的矛盾。

建立保护修缮技术体系。深入开展现代新工艺与传统工艺相结合的技术研究，包括：重视传统工艺的传承、建立传统与创新相结合的材料体系、规范各类修缮施工机具装备的使用等，实现建筑遗产精细化修缮目标。积极推进数字化保护技术在古建文保领域的应用，实现无损高精度查勘、施工安全监测、过程数据采集，为全面做好建筑遗产保护工作打下基础，形成专项修缮技术体系。

弘扬历史建筑文化价值。在保护基础上加强对建筑遗产文化的研究阐释工作，多层次、全方位、持续性挖掘其历史故事、文化价值、精神内涵。分层次、分类别串联各类历史文化遗产，构建融入生产生活的历史文化展示线路、廊道和网络，处处见历史、处处显文化。

推动多方参与古建文保工作。鼓励企业在古建文保历史文化保护传承的设计、建设、管理各环节发挥积极作用。明确保护责任，严格落实保护管理要求，加强行业自律。

六、景观工程领域

景观工程作为一种综合性的建设实践，旨在通过创造美丽、愉悦和舒适的场所，提升人们对环境的满意度和幸福感。同时，景观工程还致力于创建宜居空间、促进社区凝聚力、提升城市形象以及保护生态环境，对人们的生活品质和城市的可持续发展产生积极而重要的影响和价值。景观工程与建筑室内空间的融合是一种创新而富有远见的新理念，旨在创造出连贯而流畅的环境体验。通过享受连贯的空间流动，人们可以感受到整个环境更加宜人和舒适的氛围。此外，将景观元素巧妙地融入室内外环境中，不仅能够增加空间的可持续性和节能效益，还能够提升其美感和价值。

倡导人本理念和可持续发展观。景观工程应该以人为中心，确保景观空间的功能满足使用者的需求和期望，注重美学和审美价值，创造出令人愉悦和吸引人的环境。同时考虑景观的可持续性，包括资源利用、环境影响、生态系统保护，以促进生态平衡和可持续发展。

创新设计引领景观全周期实践。景观工程应具备创新思维、独具特色和多元精致的风格。在景观工程设计中，需要引领景观要素的艺术化、个性化和相融性的表达，充分展示并贯彻设计的创新理念和主导作用。同时，在景观工程的设计和建设过程中，应兼顾维护与管理的经济性和长效性。

构建室内外一体化景观联动发展。景观工程是一项跨专业、多学科、综合性强的系统工程，需要通过其专业性和能力，将室内与室外环境融合为一体，创造出独特而富有感染力的景观空间，实现室内外的一体化联动，从而拓展全新理念、范畴与产业的疆域。

七、灯光演示领域

城市夜景灯光效果展示能体现城市的繁华与特色，灯光演示的个性化体现着城市建筑及街区的魅力。多元化的建筑风格需要与之匹配的灯光系统设计。建筑外部灯光设计可充分展现建筑夜间形象，以丰富的视觉体验吸引市民及观光者。设计应以突出原建筑的风格、形状特点为原则，用光照技术结合先进的照明设计理念等多种方式，表达建筑语言，打造独有的建筑意象。一般而言，建筑灯光设计包含泛光照明、轮廓照明、内透光照明、多元空间立体照明、剪影照明、层叠照明等。

推动照明节能设计。灯光在整个建筑生命周期需要消耗大量的电能，同时灯具也需要考虑更换的相关成本。更加节能、环保且使用寿命更长的 LED 灯具已经在建筑照明中得到广泛应用。同时在建筑灯光的设计阶段，需要考虑平日、节日、重大节日等不同模式，在保证效果的情况下，满足灯光的节能及可持续性。

促进多专业融合设计。灯光设计需要灯光专业在设计过程中与建筑、幕墙、机电、内装、景观等专业紧密结合，解决灯光的美观性、安全性及维护性等功能的协调统一。通过灯槽、布线、内透设计、立杆灯设计及施工中的一体化加工，实现建筑灯光与各专业的深度融合。

推动智能化新技术及新材料应用。作为智能化建筑的组成部分，智能化灯光将以多种新技术为载体得以实现。光电玻璃、智能调光玻璃、3D 投影、人工智能等技术将在灯光中得到广泛应用。

八、船舶舾装领域

船舶舾装领域要坚持走引进消化吸收再创新之路，借鉴陆上高端建筑建造成熟技术，打破国外长期垄断的技术壁垒，形成自主建造标准技术体系，推动供应链产业链国产化进程，实现中国高端船舶舾装领域的突破。

打破船舶舾装国外技术壁垒。建立我国高端船舶舾装领域的设计标准、建造体系、组织模式，结合我国陆上建筑装饰工程与船舶工程现状，建立符合我国国情的船舶舾装工程关键技术体系。

探索船舶舾装工程数字孪生。基于详细设计图纸建立船舶舾装工程 BIM 模型设计标准。开展装饰构配件尺寸、材料种类、型号、性能、供应商等数据库的建立及更新迭代，探索基于工艺数据链的船舶舾装工程数字孪生。

推动船舶舾装工程材料国产化进程。开展满足船舶舾装美学、性能、成本要求的材料检测、产品加工等专项技术研究，形成系统船舶材料数据库，推进我国高端舾装材料国产化。

第八章
建筑幕墙发展新趋势

建筑幕墙行业经过四十年的发展，目前正处于转型升级和高质量发展阶段。面对新的发展形势和行业特点，我们要把握行业发展趋势，围绕幕墙强国建设，推进行业转型升级，推动幕墙业高质量发展。

第一节　建筑幕墙发展现状

一、取得的主要成就

建筑幕墙产值稳步增加。 近十年来，我国建筑幕墙行业年产值从 2012 年度的 2200 亿元，增加到 2022 年的 4700 亿元，年均复合增长率 21.7%，其中玻璃幕墙占比约 60% 以上。幕墙研发、设计、材料、生产、施工、维护等已形成完整的产业链，建筑幕墙上、下游产业完备闭合，有超 4000 多家生产企业、1000 多家配套企业，部分企业在幕墙国际市场上已具备一定的市场竞争力。

施工技术取得长足进步。 经过多年发展，我国幕墙企业已经积累了丰富经验，在幕墙的深化设计、加工制造、现场施工和新技术应用等方面走在了世界前列，自主完成了一大批造型复杂、技术难度大的高精尖工程。幕墙行业技术专利申请数量整体呈上升趋势，2018 年申请专利达到峰值 5277 件；行业排在前十位的企业累计拥有近 4000 项建筑幕墙技术专利，部分材料企业已申请美国、欧洲等国际专利。

工程质量安全有所提升。 各级政府重视幕墙行业质量安全监管，在发展政策、技术法规、标准体系建设和具体管理方面加大监管力度，建立幕墙行业监管长效机制；多家企业集中科技力量，解决了既有幕墙在检测、鉴定、维护保养和改造升级等方面的关键技术问题，为拓展技改市场奠定了良好的基础。中国建筑工程装饰奖（建筑幕墙类）从 2015 年 245 个增加到 2021 年 370 个，平均每年增加 25 个。

绿色幕墙门窗有效推广。"十三五"期间，建筑节能目标是到 2020 年，城镇新建建筑能效水平比 2015 年提升 20%，北京市到 2020 年已率先完成 65% 的节能目标。部分地区及建筑门窗等关键部位建筑节能标准达到或接近国际现阶段先进水平。在业内共同努力下，国内已经完成了众多绿色节能幕墙设计工程，主要是以双层呼吸式幕墙为代表的传统被动节能幕墙形式，以及以光伏发电幕墙为代表的新型主动产能幕墙形式，幕墙实现了从被动节能向主动产能的华丽转身。

幕墙行业标准不断完善。组织编制 CBDA 标准《单元式玻璃幕墙施工及验收技术规程》《幕墙石材板块生产技术规程》《建筑幕墙工程设计文件编制标准》《轨道交通车站幕墙工程技术规程》《机场航站楼建筑幕墙工程技术规程》《既有建筑幕墙改造技术规程》《建筑幕墙设计人员职业能力水平评价标准》和《建筑幕墙工程质量验收标准》等，并及时修订了部分标准，不断引导行业规范发展。

二、存在的主要问题

我国建筑幕墙是建筑行业的重要组成部分，与国际先进幕墙行业相比，还存在不小的差距和不足，这主要表现在以下几个方面。

整体工程品质不高。尽管幕墙产业发展迅速，但生产实施效率偏低、管理水平总体不高、低价恶性竞争、知识产权保护意识不足等问题导致幕墙行业建造品质有待进一步提高。

设计研发能力不足。幕墙行业设计理念和数字技术的研发、应用有待提升。我们设计理念系统性较差，自主创新性较弱，不注重实验验证，同时缺乏对新材料、新工艺的研发和应用，计算机仿真分析技术等方面还有待提升。

标准体系有待完善。幕墙标准体系是保障幕墙工程质量和安全的重要依据，与国际标准相比，目前国内幕墙标准体系中，标准的配套有待完善。标准制定和执行存在不足，制约了幕墙产业的规范化和可持续发展。

智能应用有待提升。在社会工业 4.0、幕墙制造 2.0 等大背景下，幕墙行业的设计研发、产品生产、现场安装等过程中，智能制造应用才刚起步，企业自行研发资金及人力投入较少，配套先进制造及安装设备机具研发不足，智慧工地建设需要进一步提升。

行业发展面临挑战。建筑幕墙行业总体供大于求，低价中标的状况尚未得到有效改善，施工利润偏低。EPC 模式的推行正在改变行业竞争格局，建筑幕墙工程全生命周期管理面临着新的挑战。

第二节　建筑幕墙发展趋势

一、行业市场趋势

当前，幕墙行业市场发展重点在新型城镇化建设、城市更新、乡村振兴等领域，超一线城市的市场发展充分，单体投资额大，市场占比聚集明显；二、三线城市市场潜力较大，单体规模小，总量多。随着国家推动建立房地产业转型发展新模式，未来幕墙市场将形成如下主要特点：

① 建筑幕墙公建项目比重提升，单元式幕墙占比逐步扩大。城市更新与幕墙旧改为行业提供新商机；

② 市场订单由一线城市向新兴城市扩展，中西部增量市场增长比例相对较高；

③ 国内建筑幕墙市场竞争白热化持续，海外业务拓展是行业超越自我的新增长点；

④ 门窗领域由"价格战""两极分化"向品牌营销发展，系统门窗需求增长相对较快。

二、幕墙产品趋势

装配式产品成为主流。工业化产品的质量控制优势及安装便捷优势等突出特点，使得装配式幕墙将成为未来行业发展的主流产品。随着人们在工作生活中对绿色、健康、环保、舒适度等建筑功能的要求进一步提升，外立面灯光、新风系统、遮阳百叶、太阳能发电幕墙、高效节能玻璃等产品越来越多地集成于建筑幕墙，使得集成式幕墙得到广泛应用。

个性化需求日益突出。用户对于建筑幕墙门窗产品的绿色节能、遮阳保温、板块趋大等个性化需求越来越突显，定制化需求越来越强烈，新、奇、特、异的幕墙门窗产品不断涌现，热衷于视觉效果的艺术追求仍将持续。

三、绿色节能趋势

"双碳"目标驱动下，对既有建筑的绿色化改造，对城市更新的绿色化布局，对绿色建材的大力推行，对装配式建筑的全面支持，尤其是借助高性能幕墙、智慧式门窗，以及因地制宜的 BIPV（光伏建筑一体化）体系等，让绿色新型建筑成为行业未来发展的主要方向之一。

绿色新型材料。随着国内绿色建材产品认证工作的不断推进，全社会对绿色建材产品认证认知度不断提升，尤其是三部委出台关于绿色建材产品认证的通知后，市场内的需求与产品应用与日俱增。利废、低耗、轻质、高强的人工复合新型建材正在不断产生，废弃材料再生利用、免烧制品、复合材料等新材料将逐步得到推广应用。

绿色节能减排。随着 BIPV 技术的推广和科技的不断进步，具有绿色节能减排综合功能的光伏幕墙将是我国幕墙行业的主要发展方向，尤其是应用场景从屋面采光顶系统逐步扩大到建筑幕墙立面以后，市场发展前景广阔。

绿色环保制造。坚持高质量发展，坚定创新发展之路，营造绿色制造环境，重视清洁及可再生能源利用，打造全产业链绿色环保制造体系。关注"产品与品牌"的双重消费升级，增加绿色环保制造和可再生材料使用，顺应国家"双碳"目标的实施推进。

绿色建造技术。标准化设计、工厂化生产、信息化管理加快应用，智能化技术逐步在建筑幕墙中得到应用和普及。具有现场施工快、条件制约小、质量稳定可靠、施工绿色环保特点的绿色建造技术得到大力推广，装配式混凝土结构、装配式建筑幕墙结构和钢结构不断加快融合发展。

四、数字化发展趋势

数字化能力是企业的一项核心能力，幕墙企业要将各项能力和数字化相结合，利用信息化、数字化这个支点，放大企业核心竞争力。企业信息化、数字化发展有三个基本方向。

一是企业管理数字化。即运用数字化技术，实现以业财资税一体化为主要特征的企业运营管理目标，持续提升企业的运营质量和效率。

二是项目建造智能化。在项目建造过程中运用数字化技术，提高人、材、机的运转效率，缩短建设工期、降低建造成本，提高工程质量，减少安全事故，不断提高项目建造智能化水平。

三是产业生态互联网化。产业生态圈要借助互联网手段实现互联互通，在这个过程中会涌现出一批拥抱产业互联网的幕墙企业和科技企业达成深度合作，这也是数字经济最有价值的部分。

企业在数字化转型时，需要制定转型方案，加强数字化转型顶层设计，建立先进的信息化架构、系统、平台、体系，实现业务流程配置化、交互体验智能化，经营决策智慧化、生态合作一体化，以信息化引领转型升级。打造数字化设计，着重集成共享、专业协同方向发展，提升设计成果数字化交付能力。推动智能化加工，破解非标板块自动化加工瓶颈，提升工厂机械化、自动化、智能化加工能力。打造智能施工和智慧工地，将物联网、人工智能等新技术深度植入建造工艺流程，逐步实现业务替代。

五、智能建造趋势

自动化技术应用。建筑幕墙行业的发展与上、下游产业链的发展密不可分，在工业化 4.0 的发展模式基础上，未来的无人化工厂、自动化应用等，会具备更广阔的应用空间，以自动化、智能化升级为动力，创新突破相关核心技术，加大智能建造在工程建设各环节的应用，涵盖材料生产、生产制造、施工装配、运营等全产业链。

智能化升级改造。随着 5G+ 工业互联网时代和 AI 技术浪潮的来临，幕墙门窗制造以大数据和工业互联网为应用基础，将传统幕墙门窗生产升级为智能化制造。通过定制打造自动化智能生产线，配备各种先进自动化生产设备，辅以智能制造 MES 系统，解决传统离散型制造业生产效率低、人工成本高、产品质量难以控制等问题，实现生产流程自动化、生产数据可视化，人机高度协同。

机械化自动安装。随着机械化、智能化技术的不断进步和幕墙安装技术的不断研发，先进机械设备和机器人可以逐渐取代传统的人工施工，并提高施工效率和精度，减少施工中的人为疏漏和事故，实现建筑幕墙智能化施工。

智慧化辅助管理。结合幕墙现场施工主要在室外作业的特点，幕墙行业高质量发展需要借助智慧工地进行辅助管理，优化资源配置，提高施工效率和质量，降低安全风险和环境污染，提升工地管理的科学性和精细化。

第三节 建筑幕墙发展策略

面对新的增量市场和城市更新的存量市场，我国建筑幕墙行业未来仍然具有较大的发展潜力。为了推动建筑幕墙业转型升级，我们需采取以下高质量发展策略。

一、主动融入国家战略

建筑幕墙企业要坚决服务党和国家工作大局，始终在业务方向、产能导向、资源投向等方面与国家战略同频共振，在助力国家战略实施中践行行业使命，抢抓发展机遇。

聚焦重大区域战略。紧跟国家重大战略，覆盖京津冀、长江经济带、粤港澳大湾区、长江三角洲区域、黄河流域、成渝"双城"经济圈等区域，优化完善组织结构，推动优势资源集中，建立与国家经济发展空间结构高度一致的市场布局。

聚焦重点城市群都市圈。 深入拓展中心城市及辐射区域，提高市场首位度，继续拓展增量业务。引导建立城市更新和建筑旧改幕墙系列标准，发挥自身优势，承接更多高质量的工程任务。

聚焦人民美好生活需要。 研发高端智能门窗，实行线上订购、线下体验、全程服务的门窗零售模式，不断满足百姓日益增长的个性化定制门窗产品需求。

聚焦重大模式创新。 强化行业企业联动，推进产业链贯通，打造更具竞争力的设计研发、生产加工、项目施工、产品检测和运营维保的全产业链模式，服务和构建建筑幕墙行业双循环发展格局，提升行业企业整体竞争力。

二、提升建筑幕墙价值

建筑幕墙的基本功能是作为建筑外围护结构，满足自身强度、保温、防水、防风、防火、隔音、隔热等性能要求。幕墙又是建筑的外装饰，对提升城市形象起着重要作用。

幕墙产品性能价值。 好的幕墙产品会给业主、人民群众带来更加适宜的居住环境和良好体验，保温、隔热、隔音、防水等性能的提高是幕墙产品核心价值的体现。

幕墙产品外观价值。 创新幕墙艺术效果，与周围环境有机融合，也是人民对美好生活追求的体现之一。当前业主定制化、差异化幕墙产品是发展主流，是幕墙门窗行业提升客户满意度的价值需要。

幕墙产品增值价值。 幕墙企业要参与相关产品的整合利用，积极推行光伏建筑一体化、幕墙照明一体化、室内外装修一体化等，提升建筑幕墙产品附加值。

三、培育"专精特新"能力

顺应 EPC 的推行，重新优化企业定位。 建筑幕墙未来最大的存量市场在城市更新和建筑旧改，具有总承包一级资质的企业，在 EPC 推行初期会有一定的比较优势；但作为专业幕墙企业，还是要保持一定战略定力，增强专业化竞争能力，可往绿色幕墙、智能幕墙和数字幕墙方向考虑。业务定位可为城乡建设与环境改善服务商，以不断满足人民群众对美好生活的需要。

顺应行业发展增速趋缓，增强企业核心竞争力。伴随全球经济复苏不确定性加剧，以及我国经济步入高质量发展阶段，建筑幕墙行业发展增速也将随之趋缓。幕墙企业要充分把握当前阶段，落实新发展理念，在业务结构调整上迈出实质性步伐，做专做精核心业务，形成企业差异化优势和核心竞争力；在夯实管理基础上下足功夫，不断提升精益管理能力，提升企业治理体系和治理能力现代化水平；在培育资源和优化配置上提前谋划，有效整合，主动适应以国内大循环为主体，国内、国际双循环相互促进的新发展格局，坚定而豪迈地走上高质量发展之路。

顺应行业分化趋势，提升企业价值创造能力。目前，行业集中度正逐步提升，"马太效应"逐步显现。中小幕墙企业要更加专注细分业务，做专、做精细分业务，掌握核心技术，主动融入行业产业链分工，形成不可替代的关键一环，成为"小而美"的专业公司，成为"专精特新"的"小巨人"企业，成为行业细分市场的"隐形冠军企业"。以此提升企业价值创造能力，不断拓展生存空间，打造百年老店，实现可持续发展。

四、加快推动科技创新

推进幕墙行业科技创新改革，建立中国幕墙标准体系，助力"一带一路"建设。坚持战略引领、成果导向、机制创新和开放协同，构建高效行业科技创新体系，实现从标准先行到科技研发、技术积累和成果转化的全面提升。积极对标欧美标准，梳理国家和行业现行标准，制定英文版标准，完善和修订清单，确保修订计划的落实。通过"一带一路"建设，逐步将中国幕墙标准推向世界，争取成为国际公认标准。

加强幕墙行业科技创新能力，提升核心竞争力，推动产业高质量发展。紧密跟踪全球行业发展趋势，立足行业与企业迫切需求，选准科技研发的切入点和突破口，掌握关键核心技术。充分利用 BIM 技术，提高设计、施工和运营维护等全过程中 BIM 技术的集成能力。广泛应用机器人放线、制造和安装等装备，提升技术装备水平，鼓励申报国际专利，形成幕墙建造技术专利池，保护知识产权。大力提升自主创新能力和聚焦产业技术研究，努力打造具有标志性和影响力的自主创新成果。积极申报国家科学技术奖励，培育发展新动力。推动创新链与产业链精准对接、融合发展，使新技术与市场相结合，将成果融入项目施工，推进城市更新和幕墙旧改，培育新的业务增长点。统筹科技研发资源利用，以更加包容和开放的态度加强对外合作，推动协同创新。引导企业加大研发经费投入力度，完善科研投入产出机制、科技人员激励机制和科技成果共享转化机制。

五、切实提升工程品质

提升幕墙设计质量。建筑幕墙设计是提升工程品质的基础，设计师应考虑建筑的整体风格和功能需求，合理布局幕墙的材料和构造，运用绿色设计，提高幕墙的美观性、实用性和安全性，提高幕墙节能设计水平。从顶层设计上，建立幕墙行业标准体系，形成幕墙行业单元化、标准化、智能化、系列化产品，提高产品品质，提高施工效率。

提升幕墙选材品质。材料是幕墙建筑功能实现的关键因素，选择高质量的材料，如优质玻璃、UHPC、外用瓷砖、高强度铝合金等，及时淘汰和限制使用质量低劣的材料部品和影响工程质量的落后技术产品，推动新建建筑全面应用绿色材料，推进幕墙构件和部品部件绿色认证工作，不断提升幕墙行业整体工程品质。

提升幕墙加工品质。幕墙加工企业要深挖低碳创新型技术，更新幕墙加工装备水平，提高加工自动化、智能化水平，推动工业生产实现绿色转型升级，加快智能改造步伐，不断提升板块加工精度和效率。

提升幕墙安装品质。幕墙安装品质是产品质量实现的最后环节，企业要积极探索降低人工安装比例，加强职业技能培训，提升产业工人素养；加快幕墙板块机器安装进程，提高幕墙安装精准度；加强施工过程监管，做好预控，避免返工，提高幕墙验收标准等。

提升幕墙维护品质。建设单位应制定完善的维护计划，定期对幕墙进行检查和维护，及时修复损坏的部分。同时，加强对幕墙的清洁和保养工作，确保建筑幕墙保温，实现其美观性和良好性能，提升负碳运营能力。

六、抓紧培育人才队伍

通过加快自有工人队伍建设、深化产教融合以及加强行业技术交流活动等策略，组建现代化的幕墙设计、加工、施工、产业人才队伍，推动行业实现转型升级和高质量发展。

加快自有工人队伍建设。行业企业可探索将核心劳务层发展成为自有产业工人，将一般劳务层逐步发展成为核心劳务层。建立健全建筑工人终身职业技能培训、考核评价体系，着力强化幕墙工人职业道德教育，提升幕墙工人职业操守和职业精神。规范缴纳社会保险费，保障工人基本权益，充分增强其获得感、安全感、幸福感。

加快培养高素质专业人才。幕墙企业要加强与国内大中专院校合作，定向培养建筑幕墙设计、加工、施工等专业人才。共同建设实践基地，提升专业人才综合技能。做好幕墙人才梯次配备，推动建筑幕墙行业可持续发展。

加强幕墙行业技术交流。组织幕墙行业的学术交流和合作，大力开展岗位练兵、技术交流、技能竞赛，努力形成一支秉承劳模精神、劳动精神、工匠精神的知识型、技能型、创新型建筑幕墙人才队伍，为全行业高质量发展提供人才支撑。

七、有效拓展国际市场

贯彻落实习近平总书记关于高质量共建"一带一路"的重要指示精神，以更深邃的历史眼光、更高的政治站位和更强的使命担当，有效拓展国际市场。引导行业头部企业主动适应国内、国际双循环发展格局，加快完善人员出海、资源配置、投资并购、考核激励等政策，形成较为完善的海外经营政策体系。

优化海外市场布局，积极参与"一带一路"建设，以属地经营为路径做深做透国别市场，以区域经营为目标引导激励行业企业协作，培育更多有稳定产出的海外市场。重点开拓市场潜力大、商业运作可行性高的国际业务，积极主导大型复杂项目运作。成立海外研发中心，建立海外加工基地，加强海外项目履约，提高海外项目质量。加强海外业务风险防控，构建全闭环体系，做好全过程管控，全面增强国际化经营抗风险能力，实现海外业务高质量发展。

第九章
住宅装饰装修新思路

第一节　住宅装饰的发展现状

我国的住宅装饰装修已有三十年的发展历程，主要分为住宅全装修和家装两种方式，其中家装更多依赖手工湿法作业的传统方式，属于劳动密集型产业。2022年全国居民人均居住消费支出占人均消费支出的比重为24.0%，增长4.2%，家装以及其所联动的装饰材料部品等已突破5万亿元的市场规模。

目前住宅装饰行业规模大但优质企业少，面临很多问题亟待解决，主要表现在以下方面：一是劳动人口减少、老龄化问题加剧，导致人工成本不断增加；二是装修中大部分程序由手工作业，装修质量受装修队伍水平的影响比较大，造成装修质量参差不齐；三是装修过程中采用的装修材料不安全，以及在住宅使用过程中释放难以察觉的有害气体，引起室内环境污染，进而对人们身体健康造成不可逆转的危害；四是家装领域缺少顶层设计，乱象突出，家装企业没有明确资质，家装标准不健全，缺乏有效监管，施工质量安全得不到保障，投诉率居高不下。

随着装配式建筑发展，装配式住宅建设量连年增加，当前住宅装饰装修也逐步向装配化、整装装修转变，通过科技引领、数字赋能、产业化协同创新等方式，沿着实行工程总承包、菜单式装修和个性化服务相结合等路径向低能耗、绿色低碳、高品质住宅发展，促进装饰装修行业高质量发展，进而为人们提供美好的居住环境。

第二节 住宅装饰的发展方向

通过科技引领、数字赋能、产业化协同创新等方式加快住宅装饰转型，实现行业由量转质的发展，向绿色低碳、高品质住宅高质量发展。

一、科技引领绿色低碳住宅

通过绿色低碳的空间功能布局、绿色低碳材料的应用，降低建筑能耗，同时提高人们居住舒适度，科技引领绿色低碳住宅可持续发展。

绿色低碳的空间功能布局。依据当地气候条件，合理确定住宅朝向、窗墙比和体形系数，降低住宅能耗。合理布局居住生活空间，鼓励大开间、小进深，充分利用日照和自然通风。推行灵活可变的居住空间设计，减少改造或拆除造成的资源浪费。推动新建住宅全装修交付使用，减少资源消耗和环境污染。积极推广装配化装修，推行整体卫浴和厨房等模块化部品应用技术，实现部品部件可拆改、可循环使用。

绿色低碳材料应用。开展绿色装修材料的生产和应用技术改造，推广节能门窗、陶瓷砖、卫生陶瓷、高效保温材料、结构保温一体化墙板等绿色装修材料应用。大力发展性能优良的预制构件和部品，加大通用尺寸预制构件和部品生产应用，提高智能化、标准化水平。抓好政府采购支持绿色装修材料促进装饰品质提升城市政策实施，推动政府投资项目及装配化装修等率先采用绿色装修材料产品，开展绿色建筑装饰应用示范工程。

二、数字赋能高品质住宅

随着时代的发展与变革，数字化正在成为高速发展的强引擎。住宅装饰通过数字化赋能传统建造过程、增强行业信息透明等方式实现高品质住宅，并推动行业的高质量发展。

数字化赋能传统建造过程。通过数字化技术手段对传统建造过程进行改造提升，解决信息孤岛问题，发挥数据作为新生产要素的价值创造作用，引导建筑业向高质量、可持续方向发展。一是，依托 BIM 技术在策划、设计、施工、运维各个阶段进行数字化模拟优化，通过虚拟建造实现先试再建，像造汽车一样造房子；二是，研发配备更多提高工作效率的数字化产品和装备，由工人现场砌筑向机器人智能建造转变，全面提升建造品质和能效；三是，将 BIM 技术与装配式进行全方位融合，实现建造过程工厂化，实现工程建造数字化转型。

数字化增强行业信息透明。针对影响建筑质量、功能、品质的建筑构配件、材料、设施设备的产品信息不透明问题，通过数字化交易机制实现产品信息的全过程公开，淘汰低劣产品，推动行业健康有序发展；全过程追溯参建各方的资质资格、招标投标、诚信履约、表彰奖励、不良行为等主要从业信息，让一批业绩优、信誉好的品牌企业脱颖而出，在市场拥有更大的竞争优势；运用数字化技术对建筑产品运维过程中的能耗、交通、安保、清洁、维修等各项关键数据进行实时动态收集、筛选、分析、展示、预警，提高楼宇智能化运维水平和品质。

三、住宅产业化协同创新

聚焦住宅产业化协同创新，构建全产业链融合一体的智能建造产业体系、打造"大制造产业链"、加快培育具有智能建筑装饰系统解决方案能力的工程总承包企业，推动业务融合联动，持续打造高质量发展新动能。

培育智能建造产业基地，加快人才队伍建设。形成涵盖科研、设计、生产加工、施工装配、运营等全产业链融合一体的智能建造产业体系。

运用现代信息技术，打造大制造产业链。通过精益化、智能化生产施工，将"建筑业"打造成为"大制造产业链"。将装修全流程以设计数据为核心进行引领与统筹，以数字化工业 4.0 智能制造体系下的装修产业链为依托，进行数字化设计、生产、运维的实践，由数字设计数据控制装修部品的设计、制造、出厂、施工全过程，通过数字信息化的技术手段，管控装配化装修部品的成本、供应链、部品核心技术，实现高质量建造品质。

强化智能建造协同工作，建立开放型产业体系。 加快培育具有智能建筑装饰系统解决方案能力的工程总承包企业，统筹建造活动全产业链，推动企业以多种形式紧密合作、协同创新，逐步形成以工程总承包企业为核心、相关领先企业深度参与的开放型产业体系。鼓励企业建立工程总承包项目多方协同智能建造工作平台，强化智能建造上下游协同工作，形成涵盖设计、生产、施工、技术服务的产业链。

第三节　住宅装饰的发展路径

根据住宅装饰方式不同，采用不同的发展路径向低能耗、绿色低碳、高品质住宅发展。住宅全装修主要沿着实行工程总承包、菜单式装修和个性化服务相结合、加强住宅装配化装修等路径促进高质量发展；家装沿着建立绿色家装供应链、打造高标准家装队伍、推进家装企业诚信建设等路径提升家装行业整体质量水平，接着紧紧围绕顾客的新需求展开，为人们提供舒适、智能、绿色的家居与个性化、高效、一体化的装修服务。

一、住宅全装修的发展路径

住宅全装修沿着鼓励住宅全装修项目实行工程总承包、菜单式装修和个性化服务相结合、加强住宅装配化装修、推广钢结构装配式住宅等路径，促进行业高质量发展。

鼓励住宅全装修项目实行工程总承包。 实现设计—采购—施工一体化。施行装配式建筑装饰装修与主体结构、机电设备协同施工。积极推广标准化、集成化、模块化的装修模式，促进整体厨卫、轻质隔墙等材料、产品和设备管线集成化技术的应用，提高装配化装修水平。

倡导实行菜单式装修和个性化服务相结合。 装修设计方案提供可供选择的符合环保标准的材料设备菜单。对购房者符合法律法规和规范标准的个性化需求，装修单位相应调整装修设计，并在主体工程验收前，完成装修设计方案调整和菜单选择。装修单位按购房者选定菜单或优化的装修设计方案实施装修，并以成品住宅交付。

加强住宅装配化装修应用。 从健全技术体系、统筹设计施工、提升装配质量、应用集成部品部件等多维度加强住宅装配化装修应用，提升建筑装饰工程的安全性、耐久性和舒适性，满足人民群众对建筑品质更高需求。

（1）**健全技术体系**。完善装配化装修标准、图集、导则，健全技术支撑体系，编制装配化内装修设计导则、装配化内装修施工图设计文件审查要点。

（2）**统筹设计施工**。推进装配化装修与主体结构、机电设备同步设计、同步施工、同步验收，统筹集成厨卫、吊顶、墙地面、门窗、给排水等系统一体化设计和施工，提升各专业协同设计和施工能力。

（3）**提升装配质量**。加强装配化装修施工适宜技术、设备、机具，以及不同部品接口研究，提高部品部件装配化施工连接质量，编制装配化装修施工技术要点。加强整体厨卫等模块化部品研究，推进部品部件可拆改、可循环，提升整体装配质量。加强交流推广，举办技术交流和宣传推广活动。

（4）**应用集成部品部件**。注重标准化、集成化、模块化，积极应用整体卫浴、集成厨房、整体门窗、轻质墙板系统等集成化部品部件，逐步形成标准化、系列化、成套化部品部件体系，编制装配式建筑用门窗安装技术规程。

助力推广钢结构装配式住宅。 钢结构装配式住宅设计、生产、施工通过试点工作已经积累了较多的工程实践经验，还需要进一步总结、提炼，形成标准、图集、工法，同时持续推进技术创新，并科学选择钢结构住宅推广路径。在设计阶段积极推进建筑、结构、机电、装饰各专业的数字化设计、一体化设计。

二、家装的发展路径

消费升级以及后疫情时代打破了人们对居家生活的传统认知，催生出了包括健康、实用、环保、新审美等在内的一系列多元化、个性化家装新需求，家装行业在提升整体质量水平的同时，将向功能化、绿色化、低碳化、智能化的方向高质量发展，满足人们对美好居家生活的向往。

提升家装整体质量水平的发展路径。家装行业规范化时间尚短，存在着以下情况：选用的材料质量不过关，以次充好，造成室内环境污染，进而对人体造成危害；从业人员水平良莠不齐，整体缺乏高素质专业人才；企业诚信建设不规范，导致家装产品整体质量水平不高、用户体验感差、满意度低。接下来，可沿着建立绿色家装供应链、打造高标准家装队伍、推进家装企业信用体系建设等路径提升家装行业整体质量水平。

（1）建立绿色家装供应链。加强环保装修材料的认证，建立绿色安全的家装供应链，加强家装行业选用环保装修材料的监管机制，鼓励行业在设计阶段优先选用无毒害、无污染、低辐射的绿色环保装修材料，采用绿色施工方法，从设计、施工等环节重视环保，为人们营造一个舒适安全的生活环境。

（2）打造高标准家装队伍。从管理队伍及操作工人队伍两方面，完善职业认证体系，提高家装行业队伍的整体素质水平，提升队伍的资质、等级，全方位打造新时代高标准家装团队，驱动高标准家装产品与服务进一步升级，促进行业高质量发展。

（3）推进家装企业信用体系建设。加强家装行业诚信管控机制，建设行业信用保障平台，开展行业诚信规范化培训活动，组织诚信优质服务竞赛等，强化家装行业及从业人员的诚信意识，塑造专业规范、讲诚信、重质量、塑品牌的装修行业竞争新秩序，促进行业健康地可持续发展。

家装的高质量发展路径。家装行业的高质量是紧紧围绕顾客的新需求展开，致力于为人们提供舒适、智能、绿色的家居与个性化、高效、一体化的装修服务。

（1）围绕用户需求推行菜单式服务。家装企业利用数字化技术多维度掌握用户数据，依托大数据建立专业家装用户画像数据库，直观了解用户的偏好和用户的需求，打造围绕用户需求的全新家装蓝图，根据需求及时提供个性化和高品质的服务，满足人们不同的需求和喜好，从而提升人们居住品质。

（2）**提升场景体验打造智能化家装**。利用互联网技术，结合上下游企业资源，整合线上销售平台，打通线上线下销售渠道，结合人工智能、推荐算法等新技术的应用，将家装效果体验环节大大前置，通过在线下设立相关的智能家居体验厅，让用户能够实现一站式体验、一站式设计、一站式选材、一站式管家服务等全新的消费体验，切实体验产品的品质与品位。

（3）**应用数字化技术实现品质交付**。通过数字化转型，家装产业沿着"线上线下营销一体化、施工算量一体化、设计生产营销一体化"路径发展，家装企业通过设计环节、商品基本数据、施工定额环节的数字化融通，实现一站式设计方案精准交付无漏报，同时也为家装企业在设计环节提供内控成本数据、数字化沉淀施工标准，同时避免物料错漏配，保障施工交付，以精细化管理和保障有效落地交付。

（4）**打造仓、配、装一体化服务模式**。适应顾客的新需求，从最初的清水、半包、全包转变为拎包入住、智能整装，不断增加家装企业交付给用户的"家"设计元素，家装交付的参与方日渐增多，需要协同配合的节点交互愈加复杂，加强家装、家居、互联网等产业的融合，打造以信息化为核心的家装仓、配、装一体化服务模式，减少中间环节，为用户提供高性价比的服务，响应人民追求美好生活的需求。

（5）**尝试BBC产品化定制精装修模式**。针对单个或少量顾客差异化的需求，可采用从家装公司到开发商再到消费者的BBC产品化定制精装模式。由家装公司通过开发商直接面对购买该地产楼盘的消费者，根据业主需求，设定标准化和个性化相结合的装修方案，和开发商联合进行批量个性化整装定制，在开发商指定的时间统一交付，有助于改善家装行业的质量通病，提升家装行业整体形象。

第十章
装饰材料助力高质量发展

随着经济的发展，人民生活水平的提升，人们对建筑装饰工程品质提出了更高的要求。建筑装饰材料是建筑装饰工程的物质基础，其质量、性能、新材料的研发、选用及生产运输直接影响着建筑装饰工程的使用功能及装饰效果，对建筑装饰业实现高质量发展具有重要意义。

第一节　完善标准体系

为规范装饰材料的质量以及使用要求，制定一系列相关标准，引入材料标准体系，确保所使用的材料具备高质量、安全性和可靠性，保障建筑物的结构稳定和使用安全。

结合我国装饰行业的实际情况，进一步制定装饰材料相关的国家标准，并在此基础上建立行业标准、地方标准、团体标准、企业标准等不同层次的标准体系。提倡行业各方共同参与制定标准，确保装饰材料标准的全面性和权威性。全面考虑行业发展趋势和技术创新，及时修订和更新现有标准，确保其与时俱进。制定严格的材料检测标准，强化标准执行，严格控制产品质量，杜绝不合格产品流入市场。以材料标准为主线引导上下游产业链协同发展。

此外，适应当前建筑装饰业的形势发展，亟需扩展材料标准品种的定义，将装配部品部件纳入其中，尽早研究编制装配部品部件标准，以满足装配化装修生产方式发展的需要。制定量产型装配部品部件的产品标准与定制型装配式构件的构件标准，适时广泛推广标准，助力推进装配化装修，全面提升装饰工程施工质量，实现高质量发展。

第二节 提升产品质量

绿色低碳环保是当前全球发展的趋势,也是提升装饰产品品质的发展方向。产品选材方面要优先选择环保、节能、可再生原材料。同时,通过工业化、智能化、数字化应用实施严格的原材料检测、生产工艺控制和成品检验标准,进而降低能源消耗及碳排放,确保产品符合绿色环保和质量要求,促进提升装饰空间空气质量,实现健康和舒适的人居环境。

一、智能化应用提高产品质量

建立智能化生产管理系统对于提升产品质量具有重要意义。在生产过程中引入物联网、云计算、大数据等新技术,实现设备智能化,并通过数据分析和监测实时优化生产,提高设备运行效率,减少设备故障率和维修成本,提高产品制造的精度和效率。同时,利用大数据分析和预测技术,优化原材料采购、生产计划和产品设计方案,减少资源浪费和环境污染。通过智能化技术,还可以实现材料柔性生产、个性化定制等模式,使得建筑装饰产品具备增值功能,为用户提供更加符合需求的产品和服务。

二、工业化应用保障产品质量

在装饰材料工业化生产过程中,通过其自动化和精细化操作减少人为差异导致的质量波动现象,实现产品标准化和批量化生产,提高装饰材料的整体质量及生产效率。通过先进的生产设备和生产流程,实现产品的标准化管理及大规模生产。同时,加强对产品质量的监督和管理,确保产品符合绿色低碳环保的标准要求。装饰产品工业化能够有效地缓解当前"高能耗"和"高排放"的行业发展状况,助力"碳达峰"与"碳中和"双碳目标的实现。

三、数字化应用提升产品质量

建筑装饰材料生产厂家通过数字化的应用更加便捷和精确地获取和分析数据，实现实时监控和评估装饰材料质量，及时发现问题、解决问题；利用物联网、云计算、大数据、区块链等技术，加强产品溯源和品质追踪，确保产品安全和可信度。数字化平台和系统的应用能够促进全产业链的协同合作和信息共享，提高生产效率、降低生产成本、优化产品和服务质量。装饰材料制造企业从生产、设计、供应链、售后等多个环节入手，建立智能化生产线和数字化平台，实现产品质量的全面提升。

第三节　加强新材料研发

随着科技的持续进步和人们对舒适度及环保性的要求不断提高，建筑装饰新材料的研发和应用变得愈发重要。加强对新材料的研发，能够推动技术创新发展，提高施工效率和降低成本，拓宽市场需求和应用领域，助力装饰行业转型升级。

一、市场引导，技术研发

以市场为导向，加强市场调查和分析，明确产品定位，寻求企业发展方向与市场紧密联系的契合点。选用和研发合适的新材料对于提高产品的市场占有率至关重要。建立一个有序、高效、协作的产学研体系，可以有效提高新材料研发质量和效率。在研发过程中要不断探索新的材料和生产工艺，以提高产品的可靠性和经济性。

二、明确需求，提升性能

根据市场需求开发新型材料，研究不同的产品定位和应用场景，以满足不同客户差异化的需求，如根据适老发展需要，进行适老材料和家具研发。根据装配式发展需要，加强装配式部品部件研发。不断优化生产工艺和流程，为新材料的生产提供可靠的技术支持。通过样品测试和市场反馈，不断改进新材料的设计和生产工艺，提高产品质量和性能。

三、产业链协作，优势互补

打造设计、研发、生产、施工于一体的装饰全产业链，加强全产业链各方间的协作，同时注重个性化需求、配套建设及适老化服务等，加强行业交流，强强联合，与上下游产业链进行广泛合作，形成优势互补，打造一条龙全产业链服务，引导建筑装饰材料向集约高效、绿色低碳方向发展，推动行业高质量发展。

第四节　链通工厂与现场

随着 5G 技术、大数据、人工智能、云计算、数字孪生、物联网和区块链等新一代数字技术和集成创新技术在装饰行业的广泛应用，打通了装饰材料工厂与施工现场的壁垒。通过施工现场实测实量，将相关数据传输给技术人员；在数字化平台，技术人员生成准确的提料单传递给生产厂家；在数字化的应用下，生产厂家根据要求进行加工生产，并编好号分批发至施工现场；工地收料人员在同一数字平台下，进行材料的进场验收；工人在专业的技术交底后，按照施工工艺将板块安装到指定位置。

通过全过程数字化手段将施工现场、工程机械设备、生产线、构件工厂、供应商、建筑产品、客户紧密地连接在一起，实现采购、生产、安装等环节的全产业链数字化，帮助企业实现与供应商和客户的信息共享，改变传统工地中信息重复采集、信息交叉上报、信息冗余严重、信息更新滞后的管理现状，在连通工厂与现场方面发挥了积极的作用，实现建筑装饰材料应用的全过程闭环管理，助力装饰行业高质量发展。

第十一章
适老产业新机遇

2021年，我国已经进入到中度老龄化社会。随着刚需型养老机构，以及医疗康养社区、度假文旅、全生命周期住宅、智慧适老服务等，衍生出的多形态、个性化养老方式，对当前适老化发展空间提出了新的更高要求，为此，党的十九届五中全会将积极应对人口老龄化上升为国家战略。这必将推进适老化产业政策的不断完善、建筑设计标准的不断提升、科技产品的不断更新迭代，将给建筑装饰行业带来更加广阔的新机遇。

第一节　背景与展望

一、现状与问题

2023年10月民政部发布了《2022年民政事业发展统计公报》，公报显示：截至2022年底，全国60周岁及以上老年人口28004万人，占总人口的19.8%，我国已进入中度老龄社会。其中65周岁及以上老年人口20978万人，占总人口的14.9%。与2021年底相比，2022年60岁以上老年人口增加了1268万人，占总人口比例增加0.9个百分点；而65岁以上老年人口增加了922万人，占比增加0.3个百分点。老龄化有进一步增加的趋势。

在我国城区内老旧小区多为20世纪七八十年代的建筑。我国老龄事业发展起步较晚，特别是20世纪90年代之前，未充分考虑老年人特殊的活动需求。在我国，社区建设普遍依据"平均人"标准设计，即处于平均年龄段，面向身体机能健全、行动自主灵活的正常人，尽管某些方面也考虑无障碍设计，但难以满足老年人"居家养老"的基本需求，更缺少对老年人的人性化关怀。

调查数据显示，我国有2/3的老年人居住在建成时间超过20年的老旧住宅中，有六成以上老年人住房存在不适老问题，每年有超过2000万老年人在家中跌倒，给他们的生活品质造成影响，增添了家庭负担。

因老龄化的快速到来，加之原来的可持续发展设计理念前瞻性不足，目前既有的建筑空间、公共社区、家居空间、养老机构空间普遍存在以下问题：忽略了适老无障碍设施和部品部件的合理设计；忽略适老人群的公共活动空间；有的无障碍设施不标准、不规范，无法满足使用需求；有的为数不多的无障碍设施因年久失修，损坏老化，无法安全使用；住宅的客厅活动空间和小区的公共活动空间较小或缺失，更缺乏配套的适老化无障碍设计和设备及部品的安装。导致建筑环境、建筑本身及居室环境都无法很好地满足老年人群日常需求。

二、政策导向

2016年10月全国老龄办、国家发展改革委、财政部等25个部委联合印发了《关于推进老年宜居环境建设工作的指导意见》等指导文件，解决老年人最不宜居、最不方便的环境问题，做好老旧城区、社区、楼房等设施无障碍改造，提高老年人生活便捷化水平。

2019年3月国务院印发的《关于推进养老服务发展的意见》明确提出要实施社区无障碍环境改造，实施老年人居家适老化改造工程。

2020年7月，民政部、国家发展改革委、财政部、住房和城乡建设部等9个部门联合发布《关于加快实施老年人居家适老化改造工程的指导意见》，进一步推动实施老年人居家适老化改造。指导意见强调巩固家庭养老基础地位、促进养老服务消费提升，推动居家养老服务提质扩容的重要抓手，对构建居家社区机构相协调、医养康养相结合的养老服务体系具有重要意义。

2023年7月，商务部等十三部门印发了《关于促进家居消费的若干措施》，提出打好政策组合拳，促进家居消费的政策要与老旧小区改造、住宅适老化改造、便民生活圈建设、完善废旧物资回收网络等政策衔接配合、协同发力，形成促消费的合力。通过专项法规政策的出台，推动适老化改造、医养康养产业协同高质量发展。

三、前景展望

随着老年人口的增加，老年人的需求也会不断增加，适老化改造不仅有助于提高老年人的生活质量，减轻家庭和社会的养老负担，而且有助于推动我国老龄产业的发展，实现经济社会的可持续发展。适老化改造及养老行业前景广阔。目前我国重点一二线城市存量住宅普遍进入"老龄化"阶段，城市内存量住宅中，15年以上楼龄占比超35%且20年以上楼龄占比超20%的城市有12个，均为发展起步早、能级高的重点一二线城市。并且，居住在老旧小区中的多数是老年人。老旧小区设施和部品的老化已经无法满足新时代居民的生活需求。这些老旧社区将是大力推进适老化改造的对象。

"十四五"期间全国要完成200万户特殊困难老年人家庭适老化改造，目前现有400亿平方米旧建筑进行适老化改造，市场规模可达5万亿元。根据住建部的数据，居家环境的适老化改造直接市场份额3万亿元。建筑空间适老化改造有着巨大的市场需求。

中国社科院发布的《中国养老产业发展白皮书》指出，我国未来养老市场潜力巨大，2022年，养老产业规模突破9万亿元，预计2030年，我国养老产业规模将达到13万亿元。《2022年民政事业发展统计公报》指出，截至2022年底，全国共有各类养老机构和设施38.7万个，养老床位合计829.4万张。其中，注册登记的养老机构4.1万个，床位518.3万张；社区养老服务机构和设施34.7万个，共有床位311.1万张。养老产业未来需求规模将会持续增长，适老化改造和新建养老产业将长期存在，也将给建筑装饰行业带来持续的发展机遇。

养老观念升级，为适老化改造带来新的发展机遇。养老观念和养老方式的转变，以及特有的消费意识、消费形式，都在为养老产业升级、适老化产品发展带来新的机遇。

智能家居行业的稳步发展，创新适老化改造高质量发展路径。随着智能家居行业的稳步发展，越来越多的老年人开始享受到科技带来的便利。更多的企业关注老年人的需求，将智能家居技术与适老化改造相结合，研发出适合老年人使用的智能家居产品。同时，鼓励企业可以与养老服务机构合作，共同推进智能家居在养老服务领域的应用。此外，利用大数据和人工智能技术，分析老年人的生活习惯和健康需求，为老年人提供更加精准和个性化的服务。创新适老化改造对建筑装饰业高质量发展路径具有重大意义。

第二节　空间功能提升

一、居家空间

居家空间适老化改造不仅需要全面考虑老年人的生理、心理和疾病的影响，还要满足老年人基本生活需求、安全和生活便利需要，又要满足老年人改善型生活需求，以丰富居家服务供给、提升生活品质为主。根据实际情况，对居住环境进行科学合理的改造，为老年人创造一种舒适、安全、便利的居住环境。

居家环境适老化改造聚焦老年人居家生活照料、起居行走、康复护理等功能性需求，围绕"室内行走便利、如厕洗澡安全、厨房操作方便、居家环境改善、智能安全监护、辅助器具适配"等方面。

安全性。在适老化改造中，提升居住空间的安全性是重点之一。包括但不限于增加安全扶手，增设室内电梯，提高卫生间、浴室、厨房等的地面防滑系数以及改善照明设计等。还可以利用互联网、物联网、人工智能技术为居住空间增加安防系统，实现对老年人的实时监控和预警。

便利性。老年人在行动上存在着许多限制，因此适老化改造还应考虑到老年人在居住空间内行动的方便性和可达性。比如，考虑到老年人走路较慢，可增加家具四周和表面的空间，添加扶手帮助行动。另外，考虑到轮椅使用者，还可以拓宽卫生间和浴室入口设缓坡等。在适老化改造中，可以利用人工智能和物联网技术，为居住空间增加智能家居系统，实现对家电、灯光、窗帘、窗户、门等设备设施的远程控制和语音控制；建设一卡通系统等智能应用系统，实现集成门禁、梯控、活动签到、消费、定位、移动呼叫等功能，提高老年人生活的方便性。

舒适性。老年人对温馨、舒适的环境有着特别的需求，因此适老化改造也应重视老年人居住的舒适性。例如增加照明设计、提高房间通风性、解决噪声问题、添加特殊装备或家具设施。还可以利用虚拟现实和增强现实技术，以及智能家居系统，为老年人提供沉浸式的舒适体验。

二、社区及公共空间

有序推进城镇老旧小区适老化改造，大力推进无障碍环境建设，推进社区综合服务设施的适老化改造，提升社区及公共空间的适老化功能。

提升社区适老化水平。完善社区卫生服务中心、社区综合服务设施等的适老化改造。有计划地推进城市老旧小区的适老化改造，包括住宅楼出入口的无障碍改造、住宅楼单元门的门槛高差消除、主要道路至住宅楼单元门增设夜间照明系统、人行道路的无障碍改造、地面的防滑处理、导引指示标志系统的适老化改造、老年人专用活动场地的地面平整、无电梯老楼的爬楼辅助设施安装或电梯加装等，以解决老年人的出行难题。同时，在楼梯墙边加装扶手，楼层间设置挂壁式休息椅，做好应急避险等安全防护。推动将适老化标准融入农村人居环境建设。鼓励有条件的地方对经济困难的失能、残疾、高龄等老年人家庭实施无障碍和适老化改造。还可以为社区增加智能安防系统、智能健康管理系统、智能娱乐系统等，实现对老年人的实时监测、预警、服务和互动。例如，安装智能摄像头、智能门锁、智能烟雾报警器等设备，通过人脸识别、行为分析、声音识别等技术，及时发现异常情况，并通过手机 App 或语音助手通知老年人或家属；可以安装智能血压计、智能体温计、智能手环、智能腰带等设备，通过物联网和大数据技术，对老年人的健康数据进行分析和预测，提供个性化的健康管理和医疗服务；可以安装智能音箱、智能电视、智能投影仪等设备，通过语音助手或手势控制进行操作，根据老年人的喜好和情绪，播放适合的音乐、视频、游戏等。

推动公共场所适老化改造。大力推进公共场所无障碍环境建设，加大城市道路、交通设施、公共交通工具等适老化改造力度，在公共场所为老年人设置专席以及绿色通道，加强对坡道、电梯、扶手等的改造，全面发展适老型智能交通体系，提供便捷舒适的老年人出行环境。推动街道乡镇、城乡社区公共服务环境适老化改造。还可以利用大数据和人工智能技术，为公共场所增加智能导航系统、智能信息系统、智能服务系统等，实现对老年人的便捷指引、信息推送和服务响应。

三、养老机构

养老机构的适老化改造，需要从空间规划、环境提升、餐厅改造、卫浴改造、设施便利以及智慧化改造等多方面入手，让老年人感受到更加方便、舒适、安全的养老环境。同时，应该紧密结合老年人的实际需求和习惯，并进行个性化设计、定制化服务，从而提升老年人的生活品质。

空间规划。在空间规划方面，应根据老年人的实际需求进行合理布局。老年人在行动或日常生活中容易发生意外，因此养老院应该采取一系列措施确保老年人的安全，如将房间内的障碍物、墙角等危险因素移除；在楼梯和走廊等区域安装适用老年人的手扶梯、扶手等设施；地面、楼梯和走廊设有防滑材料；床铺和家具角落等危险部位设置保护罩和圆角，以避免摔伤等事故的发生。

环境提升。老年人对环境的感知比较细腻，因此养老院必须营造一个宽敞、明亮、通风、温馨、安静、整洁、舒适的环境，同时要注意光线、色彩和气味等细节问题。根据建筑空间采光情况和使用场景，做不同的场景灯光设计，结合适老化部品和软装设计，营造居家的家庭氛围。可以根据老年人的日常生活习惯和娱乐活动需求，提供多功能的公共活动区域，包括阅读、休闲娱乐、健身、医疗、康复等配套设施，以满足老年人日常生活和康复需求。

餐厅改造。在餐厅使用无障碍柜台、加装座椅等设施，方便老年人就餐，同时提高餐厅的舒适度和便利度。条件允许的情况下可改建智慧食堂，通过云计算和大数据技术，对老年人的就餐数据进行挖掘和利用，为老年人提供更加个性化和健康化的服务，还可以通过移动互联网和物联网技术进行数据共享和协同，实现跨区域和跨层级的管理和服务。

卫浴改造。为老人提供无障碍的淋浴室、长条扶手、智能马桶等设施，方便他们使用。

设施便利。养老机构的设计要注重设施方便性，如将电器设施放置在容易接近的位置，床和桌椅空间宽敞适度。厨房、卫生间等公共区域要方便老年人使用。老年人的光线和视觉急剧下降，因此应根据实际需求安排灯具安装点。同时可以安装智能家居设备，识别和报告老年人的跌倒情况、快速呼叫护士等，进一步保障老年人的生命安全和身体健康。

智慧化改造。养老机构的适老化功能提升应该以老年人的需求为核心，注重舒适性、便捷性和个性化。需深入了解老年人的认知、行动、健康等方面知识和经验，根据实际情况进行优化和改进。可以选用智能医疗、智慧环境、智能看护系统、可视对讲、VR/AR/MR 等技术集成在养老机构内，实现科技与老年人护理的无缝对接。

第三节 科技产品及智慧化应用

一、适老化部品及科技支撑

根据老年人的生理和心理特征，结合现代科技手段，为老年人提供更加智能化、人性化、便捷化的服务。适老化产品要针对老年人生理和心理两方面需求，从安全性、舒适性、便捷化、智能化等方面考虑设计和生产的产品。随着科技不断发展，新的适老化技术和产品不断涌现，这需要适老化企业不断跟进技术发展，加强技术创新，推进产业科技创新平台建设，为老年人提供适老化改造的系统性解决方案。广泛开发和应用适老化部品。针对不同生活场景和需求，重点开发应用适老化通行部品、墙顶地部品、门窗部品、厨卫部品、设备部品、收纳部品、智能管理部品、辅助家具部品、标识部品、户外部品等基础性适老化部品。

提高适老部品体系精细化、智能化程度。推进适老化部品、老年人照料设施、适老居住建筑、既有住宅适老化改造等体系的智能化、精细化建设，提供不同场景适老化部品的配置表，为建设方、设计方以及老年人提供适老部品配套选用的依据，同时为施工方提供便利的部品体系化管理方法，明确适老化部品在建筑工程全过程应用实施方向，助力适老化产业高质量发展。

强化老年用品的科技支撑。同时推进互联网、大数据、人工智能、第五代移动通信（5G）等信息技术和智能硬件在老年用品领域的深度应用。支持智能交互、智能操作、多机协作等关键技术研发，提升康复辅助器具、健康监测产品、养老监护装置、家庭服务机器人、日用辅助用品等适老产品的智能水平、实用性和安全性。

加强老年科技的成果转化和企业培育。鼓励和支持老年用品关键技术和产品研发、成果转化、服务创新及应用推广，促进产业创新。在老年用品领域培育国家技术创新示范企业、"专精特新"企业、制造业单项冠军企业等，加强产学研用协同创新和关键共性技术产业化。

二、智慧化系统应用

实施"互联网＋养老服务"行动，持续推动智慧健康养老产业发展，智慧养老成为发展新趋势。编制智慧健康养老产品及服务推广目录，完善服务流程规范和评价指标体系，推动智慧健康养老规范化、标准化发展。

建立和完善智慧系统。建立和完善安全防卫设备系统、基本业务办公或信息管理系统、健康管理系统、养护服务系统、环境监测系统、人身安全监护系统、报警求助系统、娱乐培训系统等智能管理系统，为养老机构及社区环境信息化服务系统提供环境基础数据，为老年人的生活起居、户外活动等进行必要的指导。

制定和推广智慧健康养老产品及服务。智慧健康养老产品及服务推广目录、大力开展智慧健康养老应用试点示范、在全国建设一批"智慧养老院"、推广物联网和远程智能安防监控技术、探索建立老年人补贴远程申报审核机制、加强老人身份识别等。

第四节　健全标准体系

行业相关组织要对建筑装饰全产业链具有顶层引领作用，加强适老化体系的完善，通过建立供应链等方式大力提升行业供给的水平，通过建立行业标准、培训体系和资质认证体系，为从业人员提供操作指南和参考。

在适老用品领域，建立老年人用品目录，促进优质产品应用推广，制定适老产业产品分类标准，发布适老产业供应链推荐目录。逐步制定适老化部品和服务目录、质量标准，推进行业规范化、品牌化。在适老化改造领域，通过培训、认证等方式推广国家、行业制定的适老化标准，中国建筑装饰协会已经发布《民用建筑环境适老性能等级评价标准》，在业内得到一致好评并广泛应用，开展智慧健康养老应用试点示范，加强跟踪研究和督促指导。鼓励企业积极参与行业适老相关标准的制定和应用，逐步规范适老化改造的评估、设计和改造施工。建立标准化信息服务平台，规范市场行为，从而引领行业高质量健康发展。

第五节　搭建适老产业供应链平台

推动适老产业高质量发展，要发挥优势合力，通过整合产业资源，消除信息不对称，实现降本增效，促进上下游企业共赢发展。政企协联动，充分发挥政府、协会、企业各方专长与优势，共同推进适老产业公共平台建设，把适老产业公共平台打造成重要的供需双方的资源采购平台、市场各方的交流平台、价格数据的监测报送平台，共同构建适老产业发展新格局。

第四篇

行业服务

- 第十二章 做好"四个服务"促进高质量发展

第十二章
做好"四个服务"促进高质量发展

党的十八大以来，以习近平同志为核心的党中央，在统筹推进"五位一体"总体布局和"四个全面"战略布局伟大历史进程中，对行业组织健康发展和作用发挥给予高度重视，从提升行业组织社会地位、加大扶持力度、强化党建工作、开展脱钩试点、加强综合监管等方面对行业协会改革发展与规范管理做了系统安排，成效明显。

根据新时代新形势，党中央对行业协会商会提出了"服务国家、服务社会、服务群众、服务行业"的更高要求，为行业协会商会的发展指明了新的方向。党中央进一步指出，行业协会商会，是党和政府联系市场、社会之间的桥梁纽带，是推动我国经济建设和社会发展的重要力量，是党联系服务群众的重要载体和渠道。

党的二十大报告指出，高质量发展是全面建设社会主义现代化国家的首要任务。为了贯彻落实二十大精神，中国建筑装饰协会和各地方建筑装饰协会要紧紧围绕"四个服务"履职尽责，以目标和问题为导向，不断提高服务能力和服务水平，齐心协力，团结奋斗，以高质量的服务推动建筑装饰业高质量发展。

第一节　坚持以服务为本，深刻认识做好协会服务工作对推动建筑装饰业高质量发展的意义

随着我国经济体制改革的不断深化，协会作为社会公共服务的重要组成部分，党和政府对它寄予了厚望。协会要始终围绕党和国家中心大局开展服务工作，要承担起大量"企业干不了、行业无人干、政府顾不上"的事务。

行业诉求、社会发展需要是行业协会的"行动指南"，而服务是行业协会的"立会之本"。在推动建筑装饰业转型升级高质量发展过程中，行业协会在政府宏观经济管理和企业微观经济运行中间发挥着"上挂下联"的桥梁

和纽带作用。因此，做好协会服务工作对促进建筑装饰业高质量发展具有十分重要的意义。

一、做好服务工作是学习贯彻习近平新时代中国特色社会主义思想的必然要求

党的十八大以来，以习近平同志为核心的党中央对行业协会商会做好服务工作做出重要指示，出台一系列重要改革举措，颁布一系列基础性政策法规，明确一系列重大顶层制度设计，推动我国行业协会商会改革发展迈入新阶段、踏上新台阶。全面贯彻党的方针政策是协会的重要职责，以服务为本，不断提高服务工作水平和质量是贯彻习近平新时代中国特色社会主义思想的必然要求。

二、做好服务工作是行业协会改革发展的主要目标

为了激发协会组织内在活力和发展动力，提升服务水平，2019年国家发展改革委、民政部、中央组织部等十部门联合下发《关于全面推开行业协会商会与行政机关脱钩改革的实施意见》，明确指出要通过去行政化，让行业协会商会直面市场。未来一业多会共存与竞争的格局将普遍存在，这将倒逼行业协会组织拓宽服务职能、转变工作作风、做好"四个服务"，并不断提升服务质量。这是行业协会改革发展的主要目标。

三、做好服务工作是行业协会对行业最大的责任和义务

行业协会的作用大不大，主要判断标准是其服务工作做得好不好。随着改革开放不断深入，我国社会组织结构和社会管理方式发生了很大变化。作为政府与企业间的中间组织，行业协会要做好"服务"这篇大文章，找准工作的结合点和着力点，切实解决好代表谁、联系谁、服务谁的问题。唯有不断强化行业治理能力，突出社会责任，在规范市场主体，加强行业自律、推动产业转型升级等方面，实实在在发挥协会作用，才能不负时代，不辱使命。

第二节　担当起服务重任，为建筑装饰业高质量发展砥砺前行

我国已经进入全面建设社会主义现代化的新阶段，开启了第二个百年奋斗目标的新征程。在此重要历史时刻，中国建筑装饰协会和各地方建筑装饰协会一起，要勇于担当，充分履行好"四个服务"的责任。

一、服务国家

积极主动与有关政府部门加强联系、加强沟通、赢得信任，紧紧围绕政府中心工作来部署协会工作，把党中央的决策落到实处，变过去被动式承接服务为主动式请缨服务，当好政府的"助手"。

坚定不移将党中央决策落到实处。一是要深入贯彻落实习近平总书记关于住房城乡建设行业发展的重要论述精神。统筹发展和安全，坚持人民至上、生命至上，推动建筑装饰领域安全生产水平持续提升。协会工作人员要做清醒"赶考人"，始终坚持问题导向、底线思维，在协会的各项重要工作中，都把安全因素作为一票否决项，从而切实提高各方主体做好安全工作的自觉性、主动性，推动安全生产各项举措落到实处，有效预防和减少建筑装饰安全事故的发生。

二是深入贯彻落实《中共中央 国务院关于促进民营经济发展壮大的意见》。2023年7月，中共中央、国务院提出了关于促进民营经济发展壮大的意见，这对于建筑装饰民营企业发展是重大利好，协会要带头贯彻落实。长期以来，民营经济在稳定增长、促进创新、增加就业、改善民生等方面发挥了积极作用，已成为推进中国式现代化的生力军，也是高质量发展的重要基础。但一个时期以来，民营经济的发展环境确实发生了一些变化，不少民

营企业面临着很多问题和困难，迫切需要完善机制、提振信心、激发活力。本次出台的意见，对促进民营经济发展壮大作出了新的重大部署，充分体现了以习近平同志为核心的党中央对民营经济的高度重视和对民营经济人士的深切关怀。协会要领会好中央精神，把握好行业发展方向，推动建筑装饰业在中国式现代化的伟大进程中肩负起更大使命、承担起更重责任、发挥出更大作用。

调查研究为政府决策提供意见参考。响应党中央的号召，大力开展调查研究，为政府决策提供参考意见建议。在社会主义市场经济发展过程中，政府把握宏观调控，企业作为市场主体进行自主经营，市场经济越成熟越发达，市场经济体制越健全越完善，就越需要行业协会发挥作用。行业协会熟悉行业，了解企业，要回应企业呼声，积极开展调查研究，并及时向政府相关部门反映行业发展存在的困难和问题，提出合理化建议和意见，使会员群体的利益得到尊重和维护。

在住建部门出台关联装饰业的重大政策法规过程中，如资质改革政策等，协会责无旁贷，积极作为，建言献策，为行业政策法规的科学性提供建设性咨询服务。

二、服务社会

坚持人民至上，一切以人民为中心的发展思想，树立行业协会新形象，立足行业，为社会提供满意的服务。

开展社会满意度调查，关注重视社会对行业的反映。协会将促进企业与消费者之间、企业与建设方之间的良性互动，科学化开展评议。通过定期召开座谈会开展行业工程质量及服务满意度调查，广泛听取社会意见建议，经过科学研判后发布满意度调查报告，为会员企业提供新视角的决策依据。

建立健全社会监督机制，为社会提供新型服务。建立违法违规行为社会监督机制，既是践行习近平法治思想的需要，也是顺应行业发展的新形势、新目标、新任务的需要。这是通过借助"外脑"，以社会监督促进行业提高工程质量和服务水平，促进建筑装饰业高质量发展的新路径。

积极参与公益行动，践行协会社会责任。行业协会要积极响应党和政府号召，组织会员企业积极参与公益行动，在科普咨询、突发事件应对、革命老区建设支援等方面积极作为，践行行业协会的社会责任。

三、服务群众

在庞大的群众对象当中，企业会员和个人会员是行业协会直接面对的重要群众。在服务会员方面，做到共性化服务与个性化服务并重，在共性化服务上要提质，在个性化服务上要尽责，当好广大会员的"帮手"。以协会品牌工作为着力点，多点发力、多管齐下、多点突破、多措并举，把党的二十大战略部署特别是新发展理念落到实处，为实现建筑装饰业现代化做出新贡献。

组织行业质量创优活动。中国建筑工程装饰奖是全国建筑装饰行业工程质量最高荣誉奖，自2001年设立以来，通过评选工作，既加强了企业之间相互学习交流，又促进了全行业工程质量的提升，工程质量保障体系进一步健全。今后要结合市场变化趋势，动态调整评选范围，不断严格评审工作流程，完善评价体系，提高装饰奖的含金量，用高水平的专家执行高质量的评审推出高质量的工程。以装饰奖为重要抓手，推动会员企业管理水平和工程质量的提升，增强企业竞争力、创新力。

助力行业科技创新发展。建筑装饰行业科学技术奖自批准设立以来，对促进会员企业科技进步发挥了重要作用。根据新形势新要求，一是要充分利用建筑装饰行业科学技术奖的评选机制，促进会员企业建立健全科技创新体系。二是要通过年度评选和常态化工作，发掘总结会员企业创新方法和模式，发布并推广应用新技术和新成果，助力行业科技创新发展，尽快补齐产业自主创新能力的短板。三是要加快建立以创新价值、能力、贡献为导向的科技人才评价体系，摒弃唯学历、唯职称、唯论文、唯奖项等固有观念的束缚，真正助力科技人才快速成长。四是要聚焦评审工作中存在的突出问题，从破除机制障碍入手，找准突破口，更加注重质量、贡献、绩效，树立正确评价导向，增强针对性，提高奖项的含金量和影响力。

加强行业数据统计工作。一是要不断扩大统计覆盖面，丰富统计内容，不断优化完善数据统计体系的科学性、合理性、可行性，统计结果要更加客观、公平、公正。二是要与行业具体发展阶段相适应，指标相关数据可统计、可收集、可比较、易填报。三是要提高对行业数据的分析研判水平，以数据分析为目标，数据来源于企业，更要服务于企业，为企业决策提供科学的数据支撑。要在统计基础上，分析行业数据，提高对行业经济运行监测和预警能力，加强对苗头性、倾向性、潜在性问题的研判，强化风险意识，用科学的数据分析指导企业高质量发展。

完善行业信用评价体系。加强行业信用共享平台建设，构建以信用为基础的监管，建立"守信者一路绿灯""失信者处处受限"的市场环境。一是进一步加强信用体系建设。二是通过建立行业信用信息平台，建立会员企业和个人会员信用档案。利用大数据记录，形成有效的监督和管理。三是完善守信激励和失信惩戒制度。四是发挥示范作用，推动会员加强自身信用建设。五是着眼诚信环境营造，加强诚信宣传与创建。真正让市场发挥优胜劣汰的作用，提升经济发展的质量。

搭建行业交流平台。为会员企业和个人会员搭建各种线上线下交流平台，交流技术和管理经验，帮助广大会员企业提质增效，以先进带后进、促后进。通过信息、资源、技术和管理经验的分享，帮助中小会员企业解决难题。

开展技能培训与职业认证。建筑装饰产业升级、融入全球价值链以及迈向高质量发展进程中，要不断提升会员企业工人队伍技能水平，加强会员企业人才队伍建设，提升会员企业科技创新能力。一是建立健全相关标准体系。多种形式开展装饰产业工人技能培训和职业认证，推动工人技能水平提升，为高质量发展提供人力资源保障。二是搭建人才建设平台。整个产业对高技能人才需求强劲，优化人才队伍结构，不断培育基础扎实、技术过硬、素质优良的专业技术型人才和管理人才，并加快建设行业重要人才中心和创新高地，助推会员企业创建共建共享机制，为行业高质量发展提供强大的人才支撑。

提供技术咨询服务。整合行业资源，创新服务方式，为广大会员企业和个人会员提供更加全面和精准的技术咨询服务。

四、服务行业

服务行业要守正创新，结合新一轮科技革命和产业变革，既要研究制定指导建筑装饰业发展的方向性意见，又要针对行业普遍性问题，提出行业自律公约，发挥出协会行业"抓手"的作用，促进高质量发展。

制定行业发展规划。结合装饰行业发展状况，研究制定行业高质量发展中长期规划和指导意见，对涉及产业政策的重点课题进行研究，对产业政策效果进行科学评估，为行业高质量发展提供方向性意见建议。

发布行业自律公约。以问题为导向，对于业内市场上出现的不规范行为，包括使用不正当手段竞标、最低价中标、偷工减料、使用假冒伪劣材料、违法分包、拖欠工人工资等问题，向行业发出倡议，提出行业自律公约，避免恶意竞争，维护市场秩序，解决市场行为不规范问题，营造市场化、法治化、国际化的营商环境，推进建筑装饰业健康发展。

建立健全标准体系。积极参与相关国标行标的编制工作，不断完善团体标准体系，优化团体标准编制流程，重点组织有关工业化、数字化、绿色化、人才建设等对行业高质量发展有重要驱动作用的团体标准编制。进一步加大行业团体标准的建设力度，充分发挥协会平台优势，研制高质量团体标准。引导团体标准向行业标准、国家标准提升。推动标准国际化进程，加快在"一带一路"国家实现标准互通，努力开创建筑装饰业标准建设新局面。

探索行业数字化平台建设。积极探索行业数字化平台建设，贯通产业链，完善供应链，协同推进高质量发展。继续与行业内外形成跨界联动，加强与相关行业特别是数字化平台企业的横向合作，搭建新型专业化数字平台。围绕数字化转型背景与新趋势，重点建设全产业链和供应链管理、装饰项目建设全周期管理、人机环测全要素管理、数字化转型核心支撑平台等四个方面，建立数字化生态系统，赋能行业新型竞争力，助力企业提质增效。

加强行业专家队伍建设。创新改革原有的专家制度，实施统一管理，管用分离，过程中实施动态监控管理，优胜劣汰，同时积极拓宽协会人才建设的新路径，不断加强专家的培训工作，提高专家的综合能力。

做好"四个服务"，不仅是中国建筑装饰协会的职责使命，也是全国各地方建筑装饰协会的基本遵循。各地建筑装饰协会应在各地主管部门的领导下，根据各地会员的实际需求，结合当地建筑装饰业发展状况，以党建为引领，以"服务国家、服务社会、服务群众、服务行业"为指针，创新开展协会各项工作，大力推动各地会员企业高质量发展。各地建筑装饰协会要不断提高服务能力和服务水平，紧紧围绕工程质量积极依规开展多形式的创新创优活动，包括设计施工质量评价、QC成果发表、工艺工法认定、质量通病整治、示范工程推广等活动，多途径提升会员企业的专业能力和科技创新能力，进一步促进会员企业的高质量发展。同时，积极与中国建筑装饰协会相互协调配合，在贯彻落实党的重大方针政策上形成合力，团结奋斗，共同促进全行业走高质量发展光明大道！

第三节　政治建会、规范办会，为做好"四个服务"提供强有力支撑

进入新时代以来，党对行业协会商会的要求更高了，赋予的责任更大了。为了更好适应新时代新要求，中国建筑装饰协会第九届领导集体确立了"政治建会、规范办会"总方针，并紧紧围绕"四个服务"，重点加强以下几方面建设。

一、政治建设

加强协会党建工作，坚持党建引领，提高协会工作人员思想政治素质。一是完善协会党建工作机制，做到"两个全覆盖"，提升党建与业务双融双促的质量。二是加强学习培训，学习习近平新时代中国特色社会主义思想，学习住

建部门方针政策，以党内学习带动全员学习，不断提高全员的思想政治素质，保证协会工作永不偏离方向。三是充分发挥基层党组织的战斗堡垒作用和党员先锋模范作用，党建与业务融合发展，把政治建设落到实处。

二、形象建设

规范办会，加强协会形象建设。规范自身行为，特别是各分支机构的行为，提高协会的影响力、凝聚力、号召力。要遵守国家法律法规，严格按照章程和制度办事，在职责范围内树立有承诺、有担当、有责任的社会形象。协会要秉承带一流队伍、展一流风貌、树一流形象的理念，探索新时代协会发展规律，把协会形象建设好。

三、能力建设

根据行业诉求和社会需要，不断创新服务形式，提高服务水平，使协会工作真正起到促进和引领作用。要不断完善协会干部管理制度，打造一支德才兼备的高素质干部队伍。领导班子要有政治意识、大局意识、忧患意识和责任意识，以身作则，以上率下。中层干部要不断提高业务能力，履职尽责，带领部门员工开拓创新、拼搏奋进。各分支机构负责人更要加强能力建设，提高服务水平，紧盯产业链条，通过行业各方资源的合力，助力解决细分领域相关业务中"卡脖子"的关键问题，为企业打通堵点解决难点痛点贡献力量。协会上下一盘棋，以高度的自觉和勇毅的担当，以充沛的干劲和坚定的自信，以创新的思维和有效的举措，团结一致，扎实工作，为做好"四个服务"，促进高质量发展做出积极贡献！

高质量发展是站在新的历史方位上，适应经济社会发展规律而提出的必由之路，是全面建设社会主义现代化国家的首要任务。随着"十四五"时期各项规划的落地实施，协会有信心、有条件、有能力推动行业高质量发展再上新台阶。大河奔流开新路，层峦竦峙争高峰。集结号已经吹响，我们中国建筑装饰协会和各地建筑装饰协会只有携手并肩，笃定前行，努力奋斗，才能在新的征程上创造新的辉煌！

附录

高质量发展优秀案例

金螳螂：追求高质量、可持续发展是应对变化与周期的突围之道

苏州金螳螂建筑装饰股份有限公司（简称"金螳螂"），成立于1993年，经过30年的发展，已成为一家以装饰产业为主体的全球化建筑装饰企业集团，是绿色、环保、健康的公共与家庭装饰产业的领导者，是中国建筑装饰行业首家上市公司，已连续20年在行业综合数据统计中排名第一，累计获得鲁班奖142项、中国建筑工程装饰奖528项，是获得国优奖项最多的装饰企业。

作为中国建筑装饰行业的龙头企业，金螳螂积极贯彻落实习近平总书记关于推动高质量发展的重要论述，提出"高质量、可持续"的发展目标，主动应对环境变化与市场挑战，努力实现企业自身突破，穿越行业发展周期，示范引领整个行业实现转型升级，具体分为以下三个维度。

一、主动转变市场与客户开拓思路，推动业务结构优化升级

虽然建筑装饰行业已从增量市场转变为存量市场，但是我们依然清晰地认识到，存量市场之下依然有着增量的区域和板块，这也就是机遇所在。因此，市场与客户开拓思路的及时转变、业务结构的优化升级是实现高质量、可持续发展的第一步。

在市场策略方面， 金螳螂改变了以往"哪里有业务就往哪里跑"的老思路，聚焦于计划重点开拓的城市和区域，充分整合区域内营销、投标、

设计、施工等多方资源，将人员属地化并实现整体统筹、相互协同，形成市场开拓的攻坚合力，以提升区域内的市场占有份额为目标，将品牌在区域内扎深、扎透。

在客户开拓方面，金螳螂正在大力主动开拓快速发展或有成长价值的企业客户，以此来对冲部分老客户"爆雷"所带来的业务缺口，同时充分研究和挖掘这些新型客户较以往老客户不同的需求和痛点，从而围绕这些需求和痛点打造起相对应的竞争力，增强新型客户的黏性。

在业务结构上，除传统装饰业务之外，金螳螂牢牢抓住"一带一路"、"双碳"战略、城市更新、乡村振兴等国家政策带来的红利机会，利用全产业链资源和多专业管理优势，进一步加大新型业务开拓力度，形成推动企业持续发展的新增长点。例如，城市更新板块就蕴藏着 10 万亿级的市场规模，医疗净化板块也正处于市场需求快速增长阶段，装配式更为未来建筑业绿色低碳发展的明确方向。

二、围绕客户需求与痛点提供服务，全力打造企业竞争优势

围绕客户的痛点和需求打造起企业的核心竞争力，才是实现高质量、可持续发展的底层逻辑。金螳螂聚焦于打造按期高品质交付能力和成本竞争力，实现"设计—产品—交付"服务全过程的品质可控，努力实现客户价值增值，使得金螳螂竞争优势显著提升。

在综合设计能力方面，金螳螂聚焦于由大向强的转变，在拥有超 4000 人的全球最大室内设计师团队的同时，着力打造细分设计领域的专业化优势，在高端酒店、商业空间、办公空间、文化观演、宗教文旅等领域已拥有行业内领先的设计水平，旗下子公司 HBA 更是全球酒店室内设计第一品牌。为适应 EPC 项目的设计需求，金螳螂实现多专业设计资源的整合，为客户提供全产业链的高效综合设计服务，大大提升综合设计竞争力。

在全专业施工能力方面，金螳螂基于室内装饰、建筑幕墙、园林景观、软装陈设、洁净空间、智能化系统等在内的多专业统筹协调的管理优势、全产业

链施工的服务能力，组建了专业的EPC总承包管理团队，为客户提供一站式、全方位的服务，解决分专业招标烦、多专业协调难、交叉施工管理难等问题，先后打造了上海巨人科技园、南京园博园、景德镇老城改造、山东潍柴新科技办公研发中心等一批标志性项目。

在供应链管理方面，金螳螂大力推广深加工单包模式，创新性地借鉴了高科技和高端制造企业的管理经验，直接管理到深加工材料加工工厂末端，实现对深加工材料的质量把控、产能预警和资源协调，确保材料品质优良稳定、按期生产到货。同时，为应对建筑工人日益短缺、成本持续上涨的问题，金螳螂基于多年以来积攒的劳务资源，由专项班组在各个专业工作中做专、做精，从而提升施工质量、降低劳务成本，实现工人资源整合和技术升级。

在客户预算有限、上下游挤压、人工材料涨价等市场环境下，**建筑装饰企业的利润空间进一步压缩，成本的高低直接决定了项目能否中标、企业能否盈利、能否实现有质量的增长**。因此，成本竞争力的重要性就日益凸显出来。我们一定要把成本降到最低，让客户感受最高的性价比服务。我们只有真正地降低成本，才能提升公司的竞争力和中标率，这样才有可能实现持续成长和发展。

一是大力推进精细化管理，彻底改变原来的粗放式管理模式，管理松散的企业会在这一轮洗牌中逐渐消失。只有做到降本增效、精细管理，减少不必要的支出和内耗，这样企业发展才能回归本质，实现高质量、高价值、高成长、可持续。

二是充分发挥自身设计优势和装配式技术优势，加大新材料、新工艺、新工具的研发和推广力度，改变建筑装饰行业内套用定额的常规模式，打造超越定额工艺、低于定额成本的绿色、低碳、环保的新型材料，在提升标准化的同时能够为客户提供性价比更高的产品，赋能金螳螂加快推进内装工业化进程。

三是围绕材料与人工两个关键要素推行降本增效的系列措施。在材料上，加大原材料整合力度，提升原材料源头直购的能力，减少原材料采购中间环节。在人工上，减少现场用工、提升施工工效，积极探索智能建造，提升现场化工具的施工辅助作用。

三、完善管理体系和工具，全面提升企业管理效率

管理是企业的生存之基，高效与协同是金螳螂的追求。金螳螂持续提升以服务、监督、预警为职责的平台管理体系，实现了平台管理模式由管控到赋能的转变，全面提升公司管理效率，同时进一步明确公司内部前台、中台、后台的管理职责，实现各司其职、相互补位的高效管理，打造出职责明确、分工合理、协作高效的管理生态体系。

组织的能力能否跟上市场的变化和发展，也是企业实现高质量、可持续发展的关键。因此我们不能停留在老思路、老观念上，要不断创新尝试，激发组织活力，实现组织能力升级和管理效率的提升。关键是要持续优化流程和组织。否则，虚假繁忙带来的流程复杂、人浮于事、人员冗余，会对企业造成巨大伤害。

结合建筑装饰行业特点，金螳螂还充分运用数字化管理手段，为企业管理提供高效、准确的管理决策。尤其是自主打造并升级的项目管理指挥系统，可以同时服务超 1000 个在建项目，实现数据分析、风险预警和资源协调，保障项目全过程的服务、监督和预警，从而保障向客户按期高品质交付项目的管理目标。

作为中国建筑装饰行业龙头企业，金螳螂将持续追求"高质量、可持续"的发展目标，主动顺应新市场形势，率先探索新发展模式，将以全新的姿态、强大的韧性、前瞻的战略，攻克险阻、穿越周期、拥抱未来，实现企业长期良好的发展态势，引领整个建筑装饰行业实现高质量发展！

从"拖泥带水"到"干净利索"
——亚厦股份的工业化实践之路

浙江亚厦装饰股份有限公司（简称"亚厦股份"）始创于 1989 年，2010 年 3 月深交所上市，致力于为健康、人居环境提供专业的整体解决方案，聚焦装配化装修业务主航道，搭建了以"工业化生产＋装配式安装"为核心的技术平台，是行业首家国家级高新技术企业、首批被同时评为"国家住宅产业化基地"和"装配式建筑产业基地"的建筑装饰企业；2020 年获得浙江省人民政府质量奖，同年公司质量管理模式被评为长三角先进质量管理方法百佳，2021 年获浙江省建筑产业现代化示范企业称号。

定位匠心、专业、高端，亚厦股份连续承接北京 APEC 峰会、G20 杭州峰会、厦门金砖五国会议、上合组织青岛峰会等会议主场馆建设，以顶级质量水准在国际舞台上彰显了大国实力，向世界展示了中国建筑文化，树立了"中国装饰"和"中国服务"的优质形象。亚厦多次荣膺国家级最高荣誉，其中包括国家优质工程金质奖 2 项、詹天佑奖 5 项、鲁班奖 78 项，获奖数量行业领先。

一、"从拖泥带水到干净利索"的质量屋管理模式

1. 产生背景

1962 年 9 月，"中国近代建筑之父"梁思成先生在《人民日报》上发表的《从

拖泥带水到干净利索》一文中描绘了对装配式建筑的发展蓝图:"在将来大规模建设中尽可能早日实现建筑工业化(图1)。那时候,我们的建筑工作就不要再拖泥带水了。"

图1　1962年9月梁思成先生在《人民日报》上发表的《从拖泥带水到干净利索》

大师的畅想为亚厦发展指明了方向,亚厦积极探索建筑装饰工业化与数字化的深度融合方式,以BIM技术为支撑、搭建"项目生命周期管理"集中管控平台,逐步实现从传统建造到数字建造的转型升级。

亚厦股份以三十多年的质量管理实践总结提炼形成了以技术研发和成果转化为管理内核、以客户期望和产业升级为战略导向、以传承和变革为发展引擎、具有鲜明特色的"从拖泥带水到干净利索"的质量屋管理模式(图2)。

2. 主要内容和要素构成

亚厦在学习和继承卓越绩效管理模式、全面质量管理、PDCA循环、KANO模型、质量功能展开等现代质量管理方法和战略导向、全员参与、顾

客至上、持续改进等现代质量管理理念的基础上,总结提炼形成了极具行业特色的"从拖泥带水到干净利索"的质量屋管理模式,如图 3 所示。

	拖泥带水	到	干净利索
管理情况	管理环节多、效率低; 标准化程度低、管理成本高。		信息化管理(集成度高、管理环节少); 标准化管理(管理高效、成本低)。
现场情况	湿法作业,施工工艺复杂; 材料品类多,现场二次材料加工多; 工种多,交叉作业多,作业流水复杂; 临时水电布设复杂,用电安全隐患大; 建筑垃圾多、脏乱差、污染大。		装配化安装(干法作业); 安全高效(零用电事故); 职业健康(零职业病风险); 绿色环保(无材料浪费、零建筑垃圾)。
施工安装	零星采购材料质量良莠不齐; 有害物质可能超标、品质难以保证; 边角余料难以回收利用,浪费严重; 现场加工、制作,个体能力依赖大。		极低能耗安装; 材料可循环、可回收率高; 产品高均质化; 人居健康(零污染零甲醛)。

图 2 从拖泥带水到干净利索

图 3 "从拖泥带水到干净利索"的质量屋管理模式

质量屋管理模式赋予了从"拖泥带水"到"干净利索"的转换的时代内涵，根植绿色、环保、健康的地基，走出一条从传统工艺到"功能+美学"、从传统建造到数字建造的发展之路。

质量屋管理模式诠释了通过以创新赋能为管理核心，双元引领为战略导向，双擎驱动为发展引擎的三个系统的合力作用，达成"干净利索"的装配化装修运作方式。具体而言：双元引领系统由客户需求和产业升级构成，承担领航仪角色，为中部的创新赋能系统提供了战略导向，为底部的双擎驱动系统规划了发展路径；双擎驱动系统由传承和变革构成，是质量屋的驱动器，为上部的双元引领系统提供动力，激发中部的创新管理系统的活力；承担加油站角色的创新赋能系统，通过技术研发与成果转化同频，响应双元引领系统指引的发展方向，给予双擎驱动系统的变革以技术支持，为企业发展输送源源不断的能量。

亚厦股份的质量屋管理模式是新时代背景下对梁思成先生建筑思想的传承与发展，走梁先生绘制之路，就是走建筑强国之路、大国复兴之路，树立建筑行业文化自信，凸显产业社会责任担当。

客户需求与产业升级并轨的双元引领系统。亚厦以客户需求为导向，通过持续升级的产品和服务不断为客户创造价值。同时，亚厦肩负引领行业发展重担，引领建筑装饰行业由"拖泥带水"到"干净利索"转型升级。

客户需求牵引高质量供给。随着城市化进程的推进和国民生活水平的提高，围绕安全性、功能性、舒适性以及美观性等展开的人居环境改善需求被持续释放，亚厦超前布局装配化装修的发展道路，历经迭代升级，实现100%装配化、零污染、零甲醛、零事故、零职业病，打造绿色、环保和健康的业态模式。同时，公司紧抓产业数字化发展机遇，探索建筑装饰工业化与数字化的深度结合，运用BIM、AR、VR、3D打印等信息技术赋能传统建筑，引领行业向数字建造转型升级。

传承与变革融合的双擎驱动系统。传承和变革是亚厦发展的基因，在变革中赓续传统、在传承中不断创新，可以用两个变与不变概括：

第一，变的是亚厦掌门人的交接、是新的时代背景下经营管理方式和理念的创新，不变的是追求品质的初心；第二，变的是建筑装饰技术的焕新和传统建筑装饰行业的转型升级，不变的是对传统文化和手艺的传承与弘扬。

践行工匠精神，亚厦不断以精工细作提升"中国装饰""中国服务"品质。一方面，通过建筑装饰形式、文化、材料、技术的继承和创新，实现传统文化元素运用与现代装饰设计的巧妙融合；另一方面，积极推行"标准化设计、工厂化生产、机械化加工、装配化施工、一体化装修、信息化管理"的现代装饰技术模式，促进企业由传统建造到数字建造的变革转型。

技术研发与成果转化同频的创新赋能系统。亚厦坚持"促进自主创新、保护创新成果、保持行业领先"的创新理念，以技术创新与产品交付为核心，重点突出前沿技术研发、知识产权运维与成果应用落地，构建了技术研发与成果转化同频的创新管理体系。同时，亚厦以市场为导向、项目为载体、知识产权管理为抓手开展研发创新，在工程实践中推进关键技术攻关，推进技术研发成果向现实生产力转化，实现"从项目中来到项目中去"的技术研发与成果转化的同频运行。

亚厦的创新赋能是一个开放的系统。一方面，通过供应链管理将技术与成果向上下游伙伴推广，提升整个供应链的供给能力；另一方面，通过制定标准、编撰书籍、举办行业协会分享会等形式积极与同行交流，促进装饰行业的发展与升级。

二、在实践应用过程中的典型做法

1. 双轮驱动，力推企业高质量发展

亚厦致力于以技术研发为核心、工业制造为平台、数字化产业服务为导向的新发展模式，通过技术创新和管理创新双轮驱动，大力推进行业转型升级和提质增效。

构筑十五大核心技术体系，实现装配化装修领域全覆盖。亚厦股份于2012

年启动了装配式内装战略,秉持"绿色、品质、高效、智能"的理念,针对全工业化装配化装修部品体系开展技术研发,包含基础改造类、基础硬装类、功能类、厨卫类、增值类、水电暖通类等共十五类子产品系统(图4),实现对装配式建筑内装修的100%覆盖,解决了行业最突出的环境污染问题和人民最关心的空气健康问题。

图4 亚厦全工业化装配化装修技术平台

建立"三体一全"管理新模式引领的经营模式。 从客户需求出发,亚厦向客户提供端到端的一体化解决方案,建立"三体一全"的管理新模式,即一体化服务模式、一体化设计交付、一体化资源集成和全品类供应链体系,实现生产工厂化、加工配套化、现场装配化。

在"三体一全"管理新模式下,亚厦打造了"产品标准化、服务个性化"的经营模式(图5)。以全系统技术平台为基础,结合项目特征提供组合式技术方案,做到标准技术匹配、定制技术开发和定制技术验证,从而实现标准化与个性化的有机结合，确保产品性能、服务速度、均质化程度。

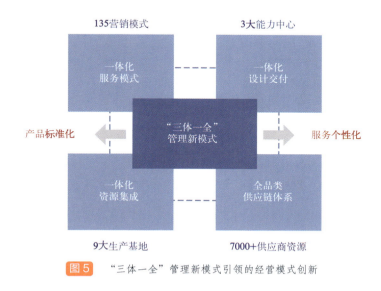

图5 "三体一全"管理新模式引领的经营模式创新

集聚资源，共享技术成果，推进全产业链协同发展。亚厦股份集聚企业内外部资源，推进关键业务整合，构建深度合作、优势互补、创新共享的全链条服务体系，以产业链技术创新协同、全链条服务体系共建产业生态链，形成与上下游企业共享的产业生态圈。2021年，亚厦发起了首届"致创新·开发者大会"，行业内数百家优秀供应商、企业代表齐聚一堂，聚焦业内关注的装配化装修发展方向、工业化产品创新及研发模式、装配式建筑新政策等热门话题。

免费开放装配化装修技术专利许可，共同推动装配化装修专利技术的转化运用。为推进行业上下游企业共同发展，亚厦在行业内率先发挥垂范作用，积极响应国家和地方专利开放许可政策，在浙江省内向社会公众免费开放25件专利许可，共享装配化装修成果，促进行业工业化发展（图6）。

图6　亚厦免费开放许可装配化装修知识产权

2. 推动"三化"重构产业生态圈

探索建筑装饰行业的工业化与数字化融合路径，实现产业生态圈重构。 亚厦秉持"匠心、匠艺"，探索传统建筑工艺与装饰工业化深度结合的新模式，开发"创新设计、工业生产、装配施工"的产业新模式。凭借自主二次开发数字化BIM系统，形成从设计到安装一体化信息管理平台；以数字化管理平台为基础，亚厦对"九大生产基地"进行一体化资源集成管理，实现创新、生产、加工一体化产业服务支撑；通过搭建"项目生命周期管理"的综合性集中管控管理平台，采用"四个统一"管控项目，实现业务的流程化、标准化、自动化。

以"装配化、零甲醛、零污染"为基准，打造绿色健康人居。 依托自主研发的全工业化装配化装修技术，亚厦在降低能耗、绿色环保、提高效率等方面具有突出优势，实现了施工现场零粉尘、低噪声、零材料浪费、零建筑垃圾、零甲醛等。回收再利用方面，亚厦装修材料的可再利用和可再循环比例超过90%（图7）。装配化装修延长建筑室内空间使用寿命，节能减排效果显著，建造了与自然和谐共生的建筑产品，减少了全寿命期产生的建筑垃圾。

每一滴水与森林资源都是人类的宝贵财富
可再利用和可再循环比例≥90%　　　　　　　　　　　**更环保**　MORE ECO FREE

序号	产品名称	可再利用材料（是/否）	可再循环材料（是/否）	可再利用和可再循环项	可再循环比例
1	琉晶吊顶板	是	是	琉晶板	90%-95%
2	科岩墙面板	是	是	科岩板	90%-95%
3	科耐墙面板	是	是	科耐板	90%-95%
4	科岩地板	是	是	科岩板	90%-95%
5	瓷砖科岩墙面板	否	是	科岩板	50%-60%
6	防水底盘	否	是	ABS	100%

图7　装修材料可再利用和可再循环

从传统建造到智能建造，新技术正在重塑建筑业。作为国内建筑装饰业的领军企业，亚厦践行绿色健康的发展观，构建的"从拖泥带水到干净利索"的质量屋管理模式，结合了先进管理理念与建筑装饰行业特色，奠定了亚厦向绿色环保、装配化装修企业成功转型的基础，大力推进环保、可持续的装配化装修产业变革，助力行业有序地高质量发展，营造"青山绿水蓝天"的人居生态环境，提升城市人居生态品质。

数智科创铸造发展引擎，
绿色低碳擦亮发展底色

——深装集团持续走在科技创新和高质量发展的道路上

深圳市建筑装饰（集团）有限公司（简称"深装集团"）成立于1986年9月，是深圳市属国有企业改制试点单位、住建部首批核准的"双甲级""双一级"资质企业、中国建筑装饰行业龙头企业之一，是国家高新技术企业、国家级工程实践教育中心、广东省装配式建筑装饰工程技术中心、省级工业设计中心、博士后创新实践基地以及深圳市重点骨干企业。

深装集团着力推进产学研协同创新，与东南大学、深圳大学等知名教研机构深入合作，通过培育和应用新工艺、新技术、新材料，拥有216项国家专利、百余项行业科学技术创新成果及创新纪录，主编和参编近50项国家、行业及社团标准。集团突破多项制约产业发展的关键共性技术，科技研发能力始终走在同行业前列，以深装智慧助推行业向前发展。

一、数智科创，聚焦发展主引擎

当前，数字化、智能化、绿色化进程正在重塑全球产业链。深装集团始终坚持"三创四新"的发展方向，以全球视野谋划部署，聚焦行业前沿领域，积极对标国际一流水平，探索具有深装特色的科技创新及数智转型路径。

1. 深耕科技研发，创优水平领先行业

从科技创新赋能经营成效上来看，深装集团深耕科技研发领域，不断进取、勇夺行业科技排头兵，2022 年荣获 26 项国优奖，国家级奖项创优率达到 36.56%，即平均每 2.67 亿元营收产值开拓出一项国优奖，在行业名列前茅。

2. 推广应用新技术，全方位提升管理效能

通过与技术的深度结合，深装集团在工程管理中积极推广应用新技术，打造了以 BIM 体系为框架、智能硬件为载体、轻量化软件为终端的全流程 BIM 体系，集装饰工程线预决策、智慧化决策、动态预警于一体，规避后期误差、材料浪费、交付延期等诸多行业实际落地难题，辅助精细化管理、智慧化决策，充分赋能项目一线，全方位提升管理效能，助推企业数智化全面转型，充分发挥企业示范作用，为建筑装饰行业的数智化变革提供深装模板。

3. 产业集成应用，赋能主业发展

深装集团积极响应国家发展战略，坚持"创新驱动发展战略"，紧跟互联网、大数据、云科技发展趋势，以数字化为引擎，推进运营数字化、生产科技化、空间智慧化、数据资产化，拓展业务赛道，赋能主业发展。2022 年，深装集团承接了深圳市住房和建设局的装配式 BIM 装饰构配件平台课题，力求通过采集材料厂家的真实产品模型信息，打通建筑全生命周期的数字化、信息化管控通道，提高建筑工程作业效率和质量；基于 Web-BIM 技术，深装集团打造了建筑装饰产业互联网管理平台——装配式 BIM 装饰构配件平台，通过数据交互技术和 WebGL 技术实现装饰部品构配件 BIM 模型的轻量化处理和网页端可视化，将不同细分领域的材料供应企业的部品部件 1:1 建模收录，在有效解决现有 BIM 平台普遍存在的 BIM 模型与现场不符这一痛点的同时，也保证了建筑装饰产品节能、环保、全周期价值最大化，真正连通建设端、设计端、施工端、采购端及后期运维端，实现多位一体，持续推进 BIM 技术在工程全生命周期的集成应用。

二、绿色低碳，唱响发展主旋律

为贯彻落实国家碳达峰、碳中和目标，深装集团始终坚持"国家所需，深装所能"，将"双碳"目标纳入集团经营、改革、创新全局规划，以产业布局调整为引领，以技术减碳为动力，以智慧减碳为支撑，笃力实现绿色高质量可持续发展。

1. 绿色建造赋能建筑装饰空间升级

应用绿色建材，降低碳排放量。 深装集团加强科学管理，积极探索新型绿色建筑材料在建筑中应用，优先选择获得绿色建材评价认证标识的建筑材料和可再循环再利用材料，从选材、施工到交付环节，利用新材料、新技术、新工艺，严格控制碳排放（表1）。如下表：

表1 深装集团工程项目应用的绿色建材及可再循环再利用材料占比

深装集团工程项目名称	绿色建材占比	可再循环再利用材料占比
安居凤凰苑项目精装修工程	33.58%	32.18%
华为松山湖团泊洼6号地块工业项目精装修分包工程	31.96%	29.53%
梅香里人才住房项目幕墙门窗工程	42.88%	51.46%

绿色施工，打造高品质绿色工程。 深装集团注重项目建设长链条、多节点之间的协调配合，形成切实高效的装配式施工规范和标准，着力推进BIM技术与装配式建筑的融合应用，创新研发装配式铝板、装配式木制品等产品系列，进一步推动装配式建筑装饰上下游向前发展，匠心筑造高品质绿色建筑。

为进一步减少项目建材运输过程中产生的碳排放量，深装集团在安居博文苑、中海环宇城等多个装饰工程项目部设置装配加工车间，按照区域与规格划分，统一对区域建材进行半成品加工，实现标准化、模块化、精细化的装饰施工，在作业方式、周期控制、资源消耗、环境保护等方面均有力践行绿色装饰理念。

深装集团成立37年以来，在国家市政重点工程、五星级酒店、商业空间、办公楼宇、文化旅游、轨道交通、金融场所、住宅精装等设计及施工全领域业态取得了突出成绩，先后斩获300多项国家级奖项。目前，深装集团与华润、华为、腾讯、保利、美团、中兴、百度等知名企业保持长期战略合作，工程精品遍及海内外。

绿色研发擦亮发展底色，引领技术变革。 深装集团博士后创新实践基地着力推进产学研协同创新，高度重视科技创新成果，注重研发专利和技术发展，在标准先行、设计引领、创新驱动、服务提升等环节上不断创新智造，科技研发能力始终走在同行业前列；大力实施创新驱动发展战略，不断提高自主研发能力，持续推进关键核心技术攻关，加快广东省装配式建筑装饰工程技术研究中心、博士后创新实践基地的科技成果转化，加强对绿色建筑装饰及相关领域的深入研究，以低碳创新擦亮发展底色，持续引领行业前沿技术变革。

2. 主编并发布全国首个装饰工程碳排放计算标准

2021年深装集团联合东南大学、深圳市元弘建筑装饰创意和产业技术研究院主编并发布了全国首个装饰工程碳排放计算标准——《深圳市建筑装饰碳排放计算标准》（以下简称《标准》）。该标准对建筑装饰碳排放进行总量分解，从装饰材料生产及运输、施工及拆除、运行三个主要阶段阐释建筑装饰碳排放计算机理与计算方法，有效填补了行业标准的空缺，推动建筑装饰行业绿色转型升级。

此外，深装集团等主编单位在《标准》的基础上，对住宅、医院、学校、文体建筑、剧院、办公楼等六个深圳市政府投资装饰工程进行碳排放计算，借此估算深圳市建筑装饰行业各阶段碳排放量，并提出加强低碳装饰材料应用、加大供应链优化力度等减排对策。

针对装饰工程的专用工具少、材料因子多、使用门槛高、数据分析不足等市场现状，深装集团联合东南大学，共同研发了全国首个建筑装饰碳排放计算软件商用版V1.0。该软件采用轻量化设计的网页端形式，适用于多建筑类型、多气候区域建筑装饰工程全生命周期的碳排放计算，软件本身无需建模，按工程量清单将直接导入材料、机械、人员的碳排放信息，即可计算各个阶段碳排放总量并分析占比情况，生成碳排放分析报告；基于计算报告结果可追溯碳排放源头，起到明确责任主体，针对性优化项目方案的作用。

作为中国建筑装饰业科技创新排头兵，深装集团以全球视野谋划部署，不断提高自主研发能力，大力加强高水平科技人才队伍建设，积极对标国际一流水平，持续引领行业前沿技术变革，在科技创新道路上迈出了坚实步伐，始终秉承创新发展的理念，躬耕不辍、跬步不休，坚定地走在科技创新和高质量发展的道路上。

布局新赛道，国产首制邮轮高端"智"造

——上海建工装饰集团践行现代化高质量发展之路

为了进一步贯彻落实习近平总书记关于推动高质量发展的重要论述，完整、准确、全面贯彻新发展理念，主动服务和融入新发展格局，全力以赴推动建筑装饰行业高质量发展。上海建工装饰集团作为一家国有企业，坚持对标国际一流技术水平，坚持走工业化、数字化和绿色化"三位一体"融合发展科技之路，以科技创新助力重大工程建设，致力于成为精心设计、匠心制作、称心服务的最值托付的专家品牌企业。

一、打造专业优势，集中力量实现可持续发展

"十三五"期间，上海建工装饰集团净利润五年复合平均增长率18%，净资产五年复合平均增长率25%，资金存量五年复合平均增长率32%。在"十四五"前两年，资金存量较上一年度分别增长36%、27%。特别是2022年末，资金存量达到了23亿元，充分提升了企业抵御风险的能力。在资金回笼率方面，装饰集团通过加强生产指挥、成本管控、资源调配、资金平衡等手段，实现了"十四五"前两年85%、90%的资金回笼。在银行授信方面，装饰集团通过与15家银行合作，合计准备了62亿元的授信额度，充分做好了应对风险挑战的思想准备和授信工作。

上海建工装饰集团不断思考如何在数字化发展浪潮之下打造装饰专业

优势。秉承上海建工"执行力、诚信、工匠"三大文化基因，装饰集团坚持从设计到施工的全产业、全生命周期的服务理念，为客户提供一站式服务。通过不懈努力，装饰集团赢得众多荣誉——3 项中国土木工程詹天佑奖、40 项中国建筑工程鲁班奖、11 项国家优质工程奖、71 项中国建筑工程装饰奖、175 项地方优质工程奖项。除此之外，装饰集团还荣获全国五一劳动奖状，上海市文明单位、上海市高新技术企业、上海市重大工程实事立功竞赛金杯公司等称号，连续 26 年获评上海市信得过建筑装饰企业。

二、科技创新引领，践行现代化高质量发展之路

2023 年，上海建工装饰集团在上海建工的领导与中装协的带领下，已发展成为建筑装饰领域"上海第一、国内知名"的装饰集团企业，全国建筑装饰行业综合数据统计排名跃升前二。作为一家上海老牌国有企业，装饰集团拥有建筑总承包一级、装饰专业承包一级以及幕墙、机电安装、钢结构、智能化、消防等专业承包资质。同时，作为上海市文物保护工程行业协会会长单位，装饰集团拥有文保设计、文保施工资质，引领上海市文物保护修缮工作。

从科技立企而言，装饰集团获评上海装饰企业中唯一一家国家高新技术企业，拥有上海市企业技术中心、上海市装配式建筑产业基地、上海市专利工作试点单位等多维度研发平台，具有较强的综合科研技术实力。以承接建设的重大工程为舞台，装饰集团获得国家级工程质量奖项 32 项，省部级工程质量奖项 131 项，主参编各级标准 51 项，获各级科技类奖项合计 40 项，其中国家行业科学技术奖 13 项。同时，围绕国家战略、行业发展趋势，依托重大重点工程，装饰集团积极组织实施各级科研课题 67 项，其中首次立项主持上海市社科项目；知识产权申请总量合计 528 项，授权 310 项，其中授权发明专利 119 项，申请国际 PCT 专利 8 项。

三、布局新赛道，国产首制邮轮高端"智"造

实地调研，找出关键。通过实地勘察国产首制大型邮轮项目，上海建工装饰集团详细了解到，邮轮内装建造占整体工时的 50% 以上，建造成本超总成本的 40%，要承担 85% 的技术难点。面对豪华邮轮内装工程诸多需要攻关的重难点技术，在实地调研阶段，装饰集团全面参与国家级高技术船舶的科研攻关，依托自身在高端地标建筑装饰工程中丰富的设计、施工和管理经验，重点研究国产首制邮轮 8 万平方米内装工程所需要的设计、建造能力与管控关键技术体系。

在邮轮内装设计方面，基于详细设计图纸，装饰集团研究建立全船公共区域内装 BIM 模型，进行重点区域施工工艺模拟，探索基于工艺数据链的邮轮内装工程数字孪生。

在邮轮内装建造方面，装饰集团学习研究欧洲大型船厂的先进施工技术，构建近千个工艺节点的模型数据库。

在邮轮内装材料国产化方面，装饰集团调研梳理了满足邮轮内装美学、性能、成本要求的材料清单，形成系统材料数据库。目前已在钢制特种门、金属壁板、地坪材料、基层钢骨架等范围内实现了国产化替代。

问题导向，战略破题。聚焦破除国产大型邮轮内装建造关键技术壁垒，装饰集团坚持战略先行、主动出击。在主船结构施工阶段，就派驻十余位专业管理人员协助船厂，参与到国产首制邮轮外资一级总包下 10 个内装分包工程，总计达 3 万平方米的商务采购和建造管理工作，并持续至今，这也为后续装饰集团升级一级总包的战略目标奠定了扎实的管理基础。

内装施工阶段，由于邮轮内装核心技术由外资总包垄断，装饰集团以二级分包的身份，战术性、选择性地参与到实船内装工程最具代表性、最具挑战性的几大区域施工中，包括体量最大、工艺要求最高的船首及船尾餐厅；最具艺术特色的艺术长廊及娱乐休息室；最具难度的户外高空绳索探险设施，以及电动折叠滑移式玻璃天幕等总计 6000 平方米的重点施工区域。

图1　国产首制大型邮轮

经验迭代，成果转化。国产首制大型邮轮"爱达·魔都号"展现了装饰集团的创新成果，展示了中国企业的技术实力和工程质量，有利于促进产业升级、提升企业技术水平，进一步提升了上海建工的国际化形象和品牌影响力。高端船舶产业，无疑是构建现代海洋产业体系的重要一环。当前，海洋经济正成为中国建设海洋强国的重要支撑。上海建工装饰集团抢抓发展机遇，通过邮轮内装关键科研成果转化，为自身服务国家战略，进军高科技远洋客船与内河船舶市场做好前期铺垫。装饰集团积极尝试将国产邮轮的建造管理及核心技术经验，延伸到科考船、极地探险船、海洋平台以及苏州河游船趸船、黄浦江游船等项目上。

船舶制造相比建筑建造更为严谨，邮轮内装工程对材料、工艺、性能的要求远高于建筑装饰工程。未来，在确保传统装饰技术始终保持行业领先的同时，上海建工装饰集团也将致力于把国产邮轮内装项目中掌握的抗震减噪、安全耐腐、防火隔烟等材料与构造技术体系，迭代到传统建筑装饰工程领域，助推装饰行业创新转型发展，充分展现专家品牌企业的科技实力和品质形象，做装饰行业的领跑者。

四、积极探索，全面参与国家级高技术船舶科研攻关

据行业主流的邮轮建造厂家调研统计，大型豪华邮轮内装工程所花费的建

造工时占整个邮轮建造工时的 50% 以上，建造成本超过总成本的 40%。为打破行业垄断，上海建工装饰集团参与工信部科研项目《典型居住舱室及公共区域设计建造关键技术研究》，重点研究邮轮内装工程所需要的设计能力、建造能力与管控关键技术体系，建立大型豪华邮轮内装全生命周期设计建造与管控关键技术体系。

2021 年 4 月，上海建工装饰集团与具有上百条邮轮设计经验的德国莱茵之华设计集团签署战略合作协议，并成立联合技术中心。这意味着上海建工装饰集团正式进军邮轮内装设计领域。

上海建工装饰集团将高端建筑装饰的丰富经验移至邮轮建造中，创新运用了钢制定位模具系统，通过强制定位，达到预制基层金属构件安装零误差；开发多项减振降噪的弹性支撑构造方式，极大提升了舱室声学体感舒适度；开发邮轮内装结构饰面一体化设计与安装技术，实现了狭小空间的柔性化、工业化建造。

未来，上海建工装饰集团将继续踔厉奋进，以"十四五"战略规划为蓝图，继续致力于推动新技术、新工艺、新材料、新设备在建筑装饰工程中的应用，把准绿色、环保和低碳的建筑装饰行业发展方向，持续激发高质量发展新动能，以科技赋能推动企业转型升级，为实现中国建筑装饰行业的健康发展做出更大的贡献。

BIM 助力装配化，推动全链条高质量发展
——武汉建工华达探索高质量发展的几点体会

中国改革开放四十余年来，伴随着建筑业的蓬勃发展，建筑装饰行业厚积薄发，走过了非凡的发展历程。

在国家政策引领下，武汉建工华达建筑装饰设计工程有限公司（简称"武汉建工华达"）与时俱进，顺势而为，2020年初改制成为混合所有制企业，目前隶属于武汉城市建设集团，是武汉建工集团下设专业从事建筑装饰的施工企业。

武汉建工华达自成立以来坚持"质量第一，稳健发展"的理念，持续为重点工程发力，获评国家高新技术企业、湖北省重点培育企业，拥有发明专利、软著、实用新型专利18项，有2项工法荣获全国建筑装饰行业创新成果奖。

一、紧跟时代脉搏，三次蜕变新生

武汉建工华达秉承"诚信经营、稳健发展"的理念，扎根武汉，面向湖北，走向全国，在全国重要省市都有参建工程。公司成立于1996年，历经中外三方合资、全民营经济、混合所有制三种不同经营体制。每一次蜕变都是顺应政策要求，每一次成长都是企业综合实力的体现。

公司一直致力于为行业发展贡献自己的力量，是中国建筑装饰三十年优秀装饰施工企业和优秀幕墙施工企业。

二、用装配式技术创造工程奇迹

中共中央、国务院《关于进一步加强城市规划建设管理工作的若干意见》指出，发展新型建造方式，要大力推广装配式建筑。我国现有的传统技术虽然对城乡建设快速发展贡献很大，但弊端亦十分突出：一是工地脏、乱、差现象，往往是城市可吸入颗粒物的重要污染源；二是质量通病多，开裂渗漏问题突出；三是劳动力成本飙升，招工难、管理难、质量控制难。在当前国际国内大环境趋势转变的情况下，在目前对建筑装饰行业"快速、高质、低价、环保"的要求驱动下，我们必须顺应形势，加快转型，大力发展装配式建造，加快建筑装饰业高质量发展的步伐。

武汉建工华达在多年前就已经对装配式技术和绿色材料开始研究和使用，从 2006 年开始就已经在所承建的装饰工程中大面积使用成品木饰面、成品金属饰面，由此开启了对装配式工艺的研究和运用，并开辟了现场无油漆施工的试点。经过多年的探索，积累了许多装配式工艺的标准做法和创新工艺，并且不断改良提升。

装配式在建筑装饰项目中的运用，在提升品质、提高效率、节能环保、成本控制等方面均有明显效果。尤其是在 2020 年参加火神山医院建设的装饰工程中，公司充分运用了装配式隔墙布管、装配式板块墙地饰面、半成品及部品部件安装等一系列装配式技术，完成了几乎不可能完成的任务，最终医院按时交付，为人民的生命健康筑起了坚固的防护墙。

此后，公司在参建贵阳龙洞堡国际机场 T3 航站楼室内装饰工程中，更是将装配式工艺结合 BIM 全覆盖技术、智慧建造理念、绿色建造手段、EPC 模式进行了充分探索和融合，让 BIM 助力装配式建造技术上了一个新台阶。

贵阳龙洞堡国际机场 T3 航站楼室内装饰工程从 2020 年 8 月 1 日进场施工开始，留给设计和建筑装饰工程的总工期仅仅 14 个月，包括拆改、设计、采购、施工、调试全过程。时间紧、任务重，经过建设方、总包、装饰分包三方共同研究，一致认为该项目必须采用建筑装饰工程全装配式。最终采用 BIM 建模技术全覆盖结合装配式施工工艺，建筑装饰装配率达到 93.5%。该项目如期完工，比传统建筑装饰方式缩短工期 6 个月,创造了业界新的装饰奇迹。

本工程 4F 球形网架曲面吊顶工程与层间吊顶工程采用全装配式施工,层间吊顶的金属吊顶转换层钢结构构件及铝板板块均有 110000m^2,全部为 BIM 建模,数字化加工,构件连接全部采用栓接方式,到场即安装,既减少焊缝检测时间,又减少焊接烟尘对环境的污染。钢结构、铝板板块安装现场用工数量比传统方式减少 1/3,大大缩短了工期。

图1　球形网架曲面吊顶

在墙地面装修工程中,公司通过三维扫描技术与云模型对比,按图排版下单,现场无切割,装配率达到 90% 以上,一次成功,35 天即完成了 3.69 万平方米的石材与铝板的安装,45 天完成了 4.79 万平方米石材和地砖的铺贴,大大缩短了工期,并且一次成优。

三、BIM 技术助力项目全生命周期

BIM 技术助力高效施工。贵阳龙洞堡国际机场 T3 航站楼室内装饰工程

BIM 应用突出解决了工期的问题。由于项目工期紧，对施工组织的紧密性和一次成优率提出极高的要求，必须借助 BIM 技术才能实现。公司 BIM 团队始终与兄弟设计公司合署办公，实现真正的设计施工一体化融合。在设计和施工阶段共发现 500 余项疑似碰撞问题，并在优化设计阶段及时消灭，实现 BIM 正向设计。同时，该项目还存在工作面受限、各专业集中交叉、管线排布复杂等困难，通过 BIM 技术，可以实现事前模拟，提前发现并处理潜在问题，节省工期。例如，为保证机场净高，机电管线需从金属吊顶转换层与 4F 球形网架之间穿过，项目部应用 BIM 技术进行综合排布；又如，筒灯穿孔位置提前定位并准确留洞，将两个专业的协调时间缩短为零；再如，工程使用了约 1.4 万块铝制面板饰面、异形造型工艺、超大部品部件，这些材料均具有加工制作周期长、补件慢的特点，项目采用 BIM+ 三维扫描技术，保证"精确下料，精准安装、一次成优"，将损耗率和返工率降低为零。

BIM 技术助力 EPC 项目全专业交叉施工进度协同。该项目由业主设立主控 BIM 云端平台，各专业分包方分别建立专业 BIM 团队，将各专业 BIM 数据及模型通过云端进入大平台进行协同管理，可以有效监控各专业的材料供应、劳务组织、施工进度，从而找到各专业施工进度的矛盾点，针对性及时解决工期进度协同问题。同时利用现场云监工技术，对各专业 BIM 模型所对应的完成进度进行实时更新管理，保障了该项目的进度管理按预控计划实施落地。

BIM 技术助力建设项目的造价控制。通过 BIM 技术形成的各种造价控制模块对该项目的资金控制进行严格把关，从概算、预算、合同价款、合同变更、工程款支付、决算核对等各方面进行全过程跟踪管理。例如，概算监控模块集中显示项目内的各种款项相关情况，业主可以清晰直观地了解到整个项目以及具体到每个合同的款项情况，辅助业主准确决策和管理。合同支付模块详细记录每个合同的进度款项支付情况，管理者可以快速了解到合同的执行情况。合同变更模块为建设过程中合同变更工作展现了完整的审批归档流程，使合同变更工作更加高效、安全。它有效地保证了项目数据的同步，在保证数据安全的情况下，减少了人工操作核对所花费的大量时间成本。

BIM 技术助力建设项目全生命周期管理。 该项目过程所有资料、文件、BIM 模型和图表分类上传建档，形成全套工程档案。这有利于项目后期运营维保过程中精确地查询所对应的数据和资料。精确到每一个小型部品部件的加工图和生产厂家各方面信息都能及时调出查阅，便于对运营过程中出现的问题快速找到对应的解决方案，大大节省了运营管理成本，提高了维保效率。

BIM+ 实现无限可能。 此外，项目大量使用了"BIM+"相关技术，如 BIM+ 三维扫描技术复核现场施工、BIM+3D 打印技术进行复杂节点交底，BIM+VR 技术实现方案模拟比选。尤其是大量应用了 BIM+ 虚拟建筑装饰技术，对工程中涉及使用的水暖风、声光电进行功能模拟，各项舒适度指标均达到国际机场标准，最终保障了机场顺利通航。

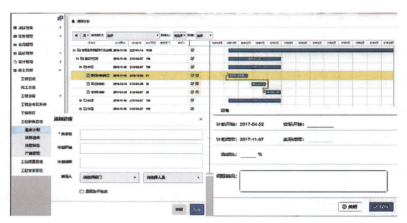

图2 进度计划在 BIM 平台的显示

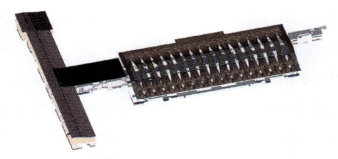

图3 BIM 平台中精装修模型缩影

图4 吊顶内部转换层结构安装模拟动画截图

四、以质取胜，质赢未来

装配式技术是现代建筑装饰行业发展的重要趋势，它通过集约化、标准化的生产方式，提高了施工效率和质量。而与BIM技术的结合，则进一步提升了设计和施工的精确性和协同性，实现了全过程的数字化管理。武汉建工华达通过装配式与BIM、智慧建造、绿色建造和EPC模式的有机结合，在高质量发展的道路上取得了初步成果。不仅提供了更高效、更优质的装饰服务，还创造了更大的价值。同时，公司积极响应国家号召，推动建筑行业向着绿色、可持续的方向发展，为社会和环境做出了积极贡献。

展望未来，武汉建工华达将继续坚持以创新为引领，坚持绿色发展，坚持以质取胜；将以BIM技术为支撑，以装配式技术为抓手，不断提升智慧建造、绿色建造应用水平；将继续加强人才培养，不断提升自身实力和竞争力；将继续与各合作伙伴紧密合作，共同推动行业的进步和高质量发展。

天元装饰："3+1"管理助推提质增效，扎根齐鲁成就区域强企

从负债经营到区域冠军，山东天元装饰工程有限公司（简称"天元装饰"）从做实做专基础管理入手，逐步形成"3+1"系统管理体系，助推实现强势转换，并迅速成长为临沂第一、山东领先。目前，天元装饰已跻身幕墙、装饰、设计综合数据统计排名前列，在全国打响了天元装饰品牌，探索出区域强企的高质量发展新模式。

何为"3+1"系统管理体系？"3"是指质量管理均质化、安全文明施工规范化、成本管理精细化，"1"是指系统管理标准化。

一、以均质化的质量管理，赢得更广阔的市场

发展伊始，因重点工程和创优项目质量管控严格，天元装饰在行业内小有名气。由天元装饰施工的国家林产项目斩获山东省首个国家优质工程金奖，公司连续14年荣获中国建设工程鲁班奖，连续7年每年荣获至少5项中国建筑工程装饰奖。但是要想取得更大的发展，赢得更广阔的市场，质量均衡就成了必然选择。

天元装饰严格推行"预案在先，样板开路，过程控制，一次成优"的理念，全面贯彻均质化的质量管理。

1. 标准先行，让施工有据可依

每年近300个工程同时施工如何做到均质化，统一标准势在必行。天

元装饰组织专人编写了《天元装饰质量均质化手册》，从测量放线、提料排版、强推工艺、过程控制、成品保护五个方面图文并茂地做了详尽的要求，让均质化的质量管理有据可依。

2. 强抓落实，让制度落地生根

施工前严格落实"两会一间"制度，即图纸审查会、施工策划会和样板间，对施工全过程提前进行总体规划、周密部署。为高效与甲方、总包、安装等单位沟通，天元装饰编制了《天元装饰沟通细则》，明确了各级人员之间沟通的要求，并在施工现场相应部位设置信息传递栏，加强了与施工班组的沟通。通过联合巡检、专项检查及强推项考核，对各项标准制度的落地实施进行全面监督检查，确保落地实施。

3. 科技创新，打造核心竞争力

要想走到行业舞台的中心，就要打造别人不具备的优势。以技术管理提升质量管理，以技术管理提升成本管理，以技术管理提升工期管理，是天元装饰孜孜不倦的追求。

天元装饰高度重视技术创新的驱动作用，成立了技术中心，负责技术研发与成果转化，在科技创新方面取得丰硕的成果，公司已连续两次通过国家级高新技术企业认证。天元装饰依托高企平台，开展各项创新活动，专注于"设计＋研发＋管理"一体化模式，实现"BIM+测绘"的深度融合和切实落地应用，使得公司在高大精尖难和异形复杂工程的施工中得心应手，在行业内形成天元装饰"善于建造异型工程"的特色，形成了企业差异化竞争优势。

通过均质化的质量管理，公司工程质量得到显著提升，创出一批精品工程，获得业主高度认可。

二、以规范化的文明施工，展现公司良好精神风貌

施工现场的文明程度，是业主评价施工单位的重要因素。甲方考察时的措手不及，垃圾清理时对成品破坏的无奈，赶工时管理的手忙脚乱，临电私拉硬扯的安全隐患，这些问题困扰着很多行业企业。为解决装饰施工现场脏

乱差的顽疾，天元装饰多次召开讨论会，并抽调专人编制了《天元装饰文明施工手册》，从临时用电系统、集中供气系统、临时照明系统、安全防护系统、吊篮管理系统、现场标识系统及施工垃圾处理等七大方面进行规范化要求，展现安全文明的施工现场。

现场文明规范化要求，展现了公司良好形象。天元装饰越来越多的施工现场成为样板工地，荣获山东省装饰行业首个安全文明工地称号，得到上级领导的赞誉；干净整洁文明的施工现场，接待了一批又一批的业主考察，极大地提高了公司的美誉度，实现了"今天的现场就是明天的市场"的增值服务，为天元装饰开辟了一个个新的市场。

三、以精细化的成本管理，提高工程创效能力

创造利润是企业的生存之本。一个企业的成本管控水平也是核心竞争力之一，特别是装饰行业竞争日趋激烈的今天，天元装饰通过精细化的成本管理措施和低成本运营战略，助推企业高质量发展。

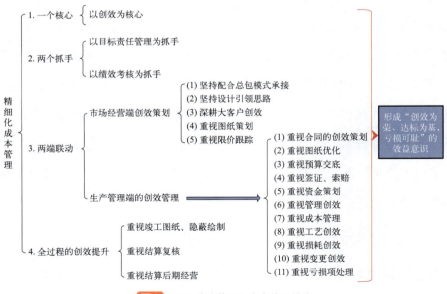

图1　天元装饰精细化成本管理措施

针对成本管理，天元装饰总结形成"一个核心、两个抓手、两端联动、全过程创效提升"的精细化管理模式。公司以创效为核心，以目标责任管理和绩效考核为抓手，市场经营端与生产管理端联动，通过前期缜密的策划、过程严格的管控与空间操作、后期的经营提升等举措，深挖效益空间。

"经营五会""过程效益分析""竣工反核算"等一系列措施，使得天元装饰低成本运营战略稳步推进。创效为荣，达标为基，亏损可耻的效益意识深深根植于全体员工心中。精细化的成本管理，提高了工程的创效能力。

四、以标准化的系统管理，获得市场高度认可

标准化的打造始终贯穿于天元装饰的发展之中。十年来，天元装饰经历过艰难曲折，管理理念不断升级：1.0 理念，工程完工就行，以工期目标为主线，被动抢工期、定材料，主动性差，施工质量参差不齐；2.0 理念，工程干好就行，以质量目标为主线，重视边角棱缝的细节处理，建立起标准化制度，建设了一大批代表性工程；3.0 理念，工程干出品质，全员提高眼界，树立质量底线思维，提高前期策划能力，用标准化的管理提升工程品质。

在工程中，天元装饰已形成从中标到交付使用的全过程管理的标准化，内容涵盖：测量放线标准化、提料排版标准化、制作加工标准化、质量管控标准化、成本管控标准化、工期管理标准化、竣工验收标准化、后期结算标准化。通过全过程标准化的管理，天元装饰塑造的幕墙艺术品标准、精装五星级标准，可远观可近看，赢得了市场的高度认可。

在企业内部，天元装饰已形成市场开拓、工程管理、党建引领、文化铸魂、人才建设、风险管控等各个系统的标准化。以岗位为核心，明确岗位职责，构建监督检查体系，做到"管理可视、过程可控、绩效可考"，确保标准化的系统管理推广应用、落地实施，得到员工认可。

五、从扎根临沂到享誉国际，高质量发展走深走实

作为一家大型设计与施工企业，"深耕临沂，做强山东，布局全国，拓展海外"是天元装饰的市场开拓理念。在临沂，地标性、形象性政府工程承

接率 90% 以上，如临沂奥体中心，是近年来临沂市投资最大的民生项目，装饰工程造价 9 亿多元，稳固了天元装饰在全市建筑装饰行业的龙头地位；在省内，天元装饰实现了 16 地市全覆盖，占据了省内市场的一席之地，日照安泰广场、青岛邮轮母港、济南汉峪金谷、烟台蓝色智谷等已成为当地地标性建筑；在省外，天元装饰在北京、天津、河北、江苏、四川、重庆等地也打开了局面，站稳了脚跟；在海外，在国家"一带一路"的带动下，中非、西非、中东、东南亚等市场接连实现突破，承接量不断攀升，为公司走向更高端市场奠定了坚实基础。

经过这些年的不懈努力，天元装饰总结形成了"3+1"内部管理体系，全面贯彻"以质量拓市场，以安全做保障，以管理创效益，以品牌促发展"的经营理念，以一流的产品质量、一流的服务质量，赢得客户、赢得市场，扎根齐鲁成就区域强企，打造独具一格的天元装饰品牌，向着高质量发展目标不断前行。

大浪淘沙适者生

——记生物与工业洁净工程建设者科建的蜕变与成长

这是最好的时代，这是最坏的时代；这是充满希望的春天，这是令人绝望的冬天。

建筑装饰行业的分水岭已悄然而至，在激烈的市场竞争中想要脱颖而出甚至是存活，传统的战略思维和经营模式已然无法适应当前的市场。用地头力逻辑思考问题[地头力＝喜爱（目标）×专注（死磕）×做好（绝活）]，专注聚焦细分领域，深挖一千米、一万米，形成差异化品牌效应，走"专精特新"的发展道路，才是弯道超车的好机会。而深圳市科建建设集团（简称"科建"）正在一条名为"生物与工业洁净"工程建设的赛道上全速奔跑着。

一、契机——随波逐流还是放手一搏

当前的建筑装饰行业面临市场饱和、竞争异常激烈、企业生存举步维艰的发展窘境，随着科技不断进步和工业自动化程度不断提高，建筑装饰领域中的生物与工业洁净行业却迎来了快速发展期。洁净工程行业是一个专注于制造、研究和服务领域，为各行业提供高质量、高标准的无尘室、无菌室和环境控制室等环境设施的行业。据统计，2021年以来，生物与工业洁净工程市场规模连续2年突破2000亿元，每年增速都在12%以上。

科建瞄准市场发展潜力，笃定前行，书写了一个建筑装饰企业蜕变和成长的别样精彩。面对这样一个跨行业、技术要求高、工艺复杂、施工难度大的千亿规模的新兴蓝海市场,既是机遇又是挑战,时间就是价值,科建没有半点犹豫,没有条件创造条件也要上,属于科建的破局契机到来了。

二、基础——不断积累实力与能力

经过科建建设者们的不懈努力,2021年科建获得了洁净工程壹级资质。俗话说,一流企业做标准,二流企业做品牌,三流企业做产品。在标准编制方面,2022年作为主编单位,科建完成并发布了我国首个《洁净工程项目定额》T/SZCA 5—2022;在技术交流方面,科建建设者们积极向业界专家学习,2023年参与第七届大湾区洁净高技术产业高峰论坛;在施工工艺方面,着力打造精品工程,南方医科大学深圳医院新型冠状病毒感染患者收治应急隔离病房项目获得"先进参建单位"称号,公司创始人马光军被评为2021年度洁净行业"风云人物"。无论哪个领域,扎实的专业知识、深厚的技术沉淀是必备的基础,生物与工业洁净工程更是如此。作为深圳市生物与工业洁净行业协会常务副会长单位及设计分会会长单位,通过积极参与协会工作,不断深化学术交流与合作,科建建设者们在不断积累实力与能力。

三、实践——深耕细作每一个项目

想要进入新兴市场,在激烈的角逐中赢得信任,完美的项目运作是成功的关键,科建建设者们深知细节决定成败,对每一个洁净工程项目都全力以赴,不断突破自我,精益求精,对深化设计、施工工艺、新技术、设备维护、实时检测、人员培训、现场施工环境的协调与管控、对客户需求的理解和实现等每一个环节都高度重视,认真对待。

以九江学院第二附属医院建设项目医疗洁净装修工程为例,该工程洁净手术部含22间手术室。其中3间数字化DSA手术室,是目前全球最先进的第四代手术室,由于强X射线的电离辐射,数字化DSA手术室又称为防辐射手术室,与传统的手术室不同,它主要由手术室和控制室两部分组成,以便减少辐射对医护人员的伤害。同时,数字化DSA手术室对医疗洁净尤其是密封性的要求非常高，对施工工艺提出了新的挑战。

DSA 防辐射手术室为"1.2mm 电解钢板 +12mm 防水石膏板 +30×50×1.2 方管龙骨 +2.0mm 铅板 +12mm 防水石膏板 +30×50×1.2 方管龙骨"复合电解钢板墙面，密封要求非常苛刻，科建建设者们经过反复研究，决定采用以下创新方法：一是严格按照施工方案、设计图纸、《医院洁净手术部建筑技术规范》（GB 50333—2013）和《洁净室施工及验收规范》（GB 50591—2010）等组织施工；二是 30×50×1.2 方管龙骨连接处全部满焊；三是铅板接缝采用等当量铅板压条搭接宽度 300mm，满涂结构胶，M5×25@300mm 开槽沉头螺钉固定；四是铅板弯成 L 形 100mm 伸进土建墙体、柱和地坪交接处，满涂结构胶；五是电解钢板内侧接缝采用反接法点焊，间距 500mm，焊点作防锈处理，刮磨原子灰无缝处理。

在整个医院项目施工过程中，科建通过深挖项目需求，不断优化方案设计和进行精准的技术分析，以求为客户提供最优解决方案；对细节近乎苛刻的管控确保施工质量和安全。科建将创新思维应用于项目建设中，不断改进工艺工法，确保一个又一个洁净工程项目完美交付，在市场上站稳了脚跟。

四、发展——赢得信任与尊重

一直以来，科建始终以"做有社会责任感的工程公司"为己任，视服务质量为生命：奔力达 8 万平方米内层改造项目洁净工程、七匹狼万级洁净实验室建设工程、娄底市中医医院手术部净化系统改造工程、金立工业园外租赁场地洁净室与化学实验室改造项目洁净室工程……通过一个又一个项目的精细打磨，科建已成长为建筑装饰行业不可或缺的力量。科建用一个又一个的优质项目，证明了自己在生物与工业洁净工程领域建筑专家的实力，赢得了客户的口碑和同行的尊重。

除了自身发展，科建还积极促进行业整体发展。科建主导编制的《洁净工程项目定额》，不仅结合全国洁净工程实际情况，还通过几十次的深入调研、十几次的线上线下专家研讨会，吸收国内外相关标准和先进技术经验、广泛征求意见，历经三年多，于 2022 年 10 月 18 日发布，2022 年 12 月 20 日正式实施，填补了国内外在洁净工程行业项目定额领域的空白，为推动行业高质量发展的要求，贡献了科建力量。

近年来，虽然建筑装饰行业承受房地产行业下行和新冠疫情双重压力，但是科建仍能突出重围高质量发展，秘诀在于：生物洁净、教育、办公产业园和公共建筑类项目合同额占总项目合同额的 86%（其中生物与工业洁净项目合同额占总项目金额的 35.86%），项目和合作伙伴双优质，加上配套齐全的资质、优良的财务结构及合理的资产负债水平，业务基本未受房地产业下滑和疫情的影响。

在建筑装饰行业，生物与工业洁净属于"看似寻常最奇崛"的细分领域之一。在这条艰难的道路上，科建人运用团队智慧和技术创新力量从一开始的磕磕绊绊到现在的稳步向前，投入了很长时间，花费了巨大的代价。科建的路不止于此，未来科建将继续迈向更高的台阶，以更高的标准和要求，为行业发展贡献自己的力量。

思路决定出路。大浪淘沙，唯有适者才能生存，只有大家一起蜕变和成长，才能让市场焕发出勃勃生机。

港庆建设：
"三个坚持"赋能装饰设计高质量发展

重庆设计集团港庆建设有限公司（简称"港庆建设"）始建于1992年7月，系重庆设计集团下属的国有企业，曾荣获行业开创型企业、优秀装饰施工企业等称号，是绿色、环保、健康的公共建筑装饰产业的领跑者。

经过三十载的资源积淀与整合，港庆建设始终坚持多元化发展，秉承"思无边，设无界，计有度"的设计思想，全面贯彻落实"节能减排，绿色低碳"的发展理念，立足建筑装饰设计主业，做优公共建筑、市政建设等业务。公司坚持科技创新，坚持绿色低碳，坚持标准引领，主动作为，持续推动高质量发展。

一、坚持科技创新，引领装饰设计高质量发展

1. 发挥集团优势，深耕特色设计

港庆建设依托市属重点科技型企业重庆设计集团，集聚集团下属重庆市设计院、重庆市建筑科学研究院、重庆市市政设计研究院等企业的优质设计资源，凝聚科技创新力量，践行以设计交付为核心，以提高设计创新能力为主线的发展路径，深化港庆建设在复杂综合体、山地建筑等建筑装饰设计领域的独特优势，为重庆乃至全国勘察设计和建设行业发展助力。

2. 统筹协同创新，融汇科技合力

在国家大力提倡数字中国建设、技能强国战略的背景下，建筑装饰数字化设计专业能力建设是一个有着巨大潜力的新课题，培养数字化高技能人才刻不容缓。在促进建筑装饰行业数字设计的规范化、协同化等领域，港庆建设从应用场景切入，对环节痛点、技术应用等进行梳理研究，致力推动数字化建设，引领建筑装饰产业升级与数字技术融合创新。公司积极拓展校企融合，大力推进产学研协同创新，2022 年，与重庆大学搭建校企合作平台，紧扣国家重大发展战略，共同致力于"研究 + 设计 + 工程"的资源叠加，在人才培养模式、建筑装饰数字设计、新空间装饰技术、城乡建设绿色发展、元宇宙与设计未来等方面，实现优势互补，为企业和行业的高质量发展提供新动能。

3. 强化人才引领，扎牢发展之根

一是着力引进创新型人才，提供"大马力"引擎。建筑行业进入数字经济时代，创新人才是科技创新的重要驱动力，大力发挥创新人才的专业技能和创新思维，为企业带来新技术和新创意，为科技创新注入新鲜血液。二是围绕行业领军人物，实现设计品质的重大飞越。公司着重打造以"中国十大杰出建筑装饰设计师"获得者邹建同志为核心的专家型团队，突破了创始团队的局限性，使其具有独到的战略眼光，紧跟国际学科和技术发展趋势，在项目攻关和技术创新中发挥引领作用，对企业的持续成长发挥了重要作用。三是构建人才梯次培养链，建立人才资源优势。通过建立梯次人才培养模式，构建从青年才俊到中坚骨干，再到顶尖专家的完整培养链条，打通建筑装饰业人才链、创新链、产业链，在建筑装饰行业发展新需求、新业态、新技术方面建立人才资源优势。

二、坚持绿色低碳，助推装饰设计高质量发展

1. 秉承绿色设计理念，打造生态绿色空间

发展绿色建筑，推行城市设计和风貌管控，落实适用、经济、绿色、美观

的新时期建筑方针，是建筑装饰行业发展的主要方向之一。港庆建设积极发挥创新主体作用，以创新作为绿色发展的源动力，基于行业实践及数字化、绿色化发展趋势，充分聚焦产业发展需求和关键技术，紧密围绕装饰设计过程，突出地域文化与时代风貌，采用数字化技术，打通、整合、共享及分析应用数据，提供质量优良、环境协调的设计产品。2022 年，公司承接了南江华润希望小镇建设项目，以"生态、低碳、循环、智能、人文"为设计原则，将当地乡土文化与地域特色作为元素加入室内设计中，重塑田园肌理，延续农耕文化，打造出"顺应自然"的生态绿色空间。

2. 聚焦绿色低碳装修，打造装饰行业新高地

港庆建设在装饰设计中充分展现"生态与现代、取材与落地"的融合关系，从风格、材料、色彩入手，实现使用功能和审美需求以及文化底蕴的三重功能；通过创意设计，采用统一模数协调尺寸，增加建筑空间结构合理性及层次感，激活内部空间，利用光、影、色的精心组合来影响环境氛围和人的心理情绪，塑造一个优美、健康的空间环境；通过建筑性能仿真分析软件，对建筑物理性能表现进行多维度、多角度、多层次的智能分析，达到降低建筑能耗的效果；采用装配式现场组装的建造技术，合理配置智能电源监控系统、智能照明控制系统、光伏发电降耗系统。新技术、新能源的应用使装修更智能、更绿色、更低碳。港庆建设凭借前沿的设计理念，以"健康舒适"为出发点，"节能高效"为关键点，"产业提升"为落脚点，利用绿色低碳技术，力求逐步实现建筑装饰的脱碳化，创造"碳中和建筑"的新需求和新市场。

3. 贯彻建筑绿色化，打造装饰新兴产业

港庆建设积极响应国家大力发展绿色建筑政策，从管理、运营、业务三个方面进行顶层设计，采用系统化集成设计的方式引导一体化、精细化生产施工，不断加强和推广新技术应用，全方位提升管理效能。积极探索 BIM、物联网、大数据、人工智能等先进技术在建筑行业的联合运用，致力提升设计与建造的数智化水平。通过不断开创高质量发展新局面，促进人与自然和谐共生，协同

推进降碳、减污、扩绿、增长，推进行业生态优先、节约集约、绿色低碳发展，实现行业可持续发展，为实现我国碳达峰碳中和做出积极贡献。

三、坚持标准引领，激发装饰设计高质量发展

港庆建设坚持标准引领，参与了多项行业标准编制工作。公司贯彻标准化、模数化设计理念，推动设计与部品部件选用相结合，实现以标准化部品部件为核心的协同设计，提高标准化设计水平。

2021 年，港庆建设联合重庆大学、四川美术学院、重庆建工渝远装饰有限公司等编制了《室内装饰装修数字化技术标准》。该标准从设计数字化、建造智能化等方面引导落实绿色智慧规划，填补了室内装饰装修数字化系统化的设计标准空缺。2022 年，公司参与了《视听健康防护认证评价测试规范 第 4 部分：巨幕影院》的编制工作。该标准"以人为本"，以用户视听健康空间体验为核心，通过对数字影院空间收集的环境光照明、图像、声场、环境与人因舒适度关联，为评定场景设计水平提供技术依据。2023 年，公司参与了《建筑装饰智能建造项目评价标准》的编制工作。

未来，港庆建设将以"高效、集成、模块化装饰"为特色，以覆盖建筑装饰全生命周期的现代产业体系为基础，聚焦数字化、智能化、绿色化、智慧化技术赋能的高增值、高技术核心环节，延伸创新链，实现生态智能建筑装饰，助力国家"双碳"目标的顺利实现。

同时，港庆建设将持续紧跟国家战略步伐，把握历史机遇，贯彻落实新发展理念，在工程绿色设计、绿色低碳工程技术标准制定、低碳建材评价与应用等方面积极探索实践，推动建筑行业绿色化、工业化、数字化深度落地，践行绿色低碳发展的国企责任。进而以其为核心引擎，联动区域建筑企业，驱动形成具有核心竞争力的建筑产业集群，以绿色智慧低碳设计引领和保障建筑装饰业的高质量发展。

坚守标准，坚守品质
——星艺装饰以品质交付闯出一个"星饰界"

广东星艺装饰集团有限公司（简称"星艺装饰"）注册于1998年，其前身为余静赣于1991年在广州创立的三星服务部。2004年经国家工商行政管理总局商标局注册，以"星艺装饰"为品牌商标标识。

星艺装饰是一家以承担各类建筑装饰装修工程设计和施工为主，以制造家具、销售建筑装饰材料和装饰工艺品为辅的大型装饰集团公司。星艺装饰400多家经营网点遍布全国20多个省（自治区、直辖市）。星艺装饰具有国家建筑装饰工程设计专项甲级、建筑装修装饰工程专业承包一级资质、建筑工程施工总承包三级资质，并通过GB/T 24001—2016/ISO 14001:2015环境管理体系认证。

一、做行业引领者，打造中国"住"的品牌

2002年2月7日，《参考信息》刊登"家装龙头之星艺装饰"一文。文中，记者采访星艺创始人余工，对星艺装饰的发展历程和经营理念进行深度报道。

2006年9月8日，中央电视台《新闻联播》用长达25秒的黄金时间报道了星艺装饰，并给予高度肯定。

星艺装饰始终坚持"设计经典，匠心品质，顾客至上，学习创新"的经营理念，始终坚持诚实守信的品牌建设道路，视质量为企业的生命，以"全程保障，

无忧家装"为服务承诺。1998 年发布了"让工地开口说话"的装修质量宣言，2000 年制定了《企业住宅装饰验收标准》，2002 年通过了 ISO 9001 质量管理体系认证，2005 年向社会发布《全国质量联保宣言》，坚守标准和承诺，自觉接受社会监督。公司大批工程成为全国住宅装饰装修示范工程。

"你们是行业发展的引领者、排头兵！" 2005 年 10 月 16 日，在考察星艺装饰后，时任中国建筑装饰协会会长马挺贵对星艺装饰的行业地位作出以上高度评价，并挥毫题词"缔造经典、引领潮流、美化生活、再展宏图"。

二、重品质稳交付，打造独一无二的星艺模式

品质的家装，需要品质的交付。星艺装饰专注家装、精耕行业、坚守品质、致力交付，在三十多年的岁月里精耕家装行业，以品质交付为核心理念，沉淀并创造出独特的"九大家"家居空间设计理念和"让工地开口说话"的过硬施工，从而引领行业规范的安全保障。星艺装饰的核心竞争力表现在"一久一多"——星艺品牌久，星艺网点多，体现在"重品质为交付，以匠心'链'未来"。以"星匠精神"打造品质交付，让工地开口说话，让每一位客户感动。

纵观星艺品牌发展历程，坚守品质，坚守标准，网点经营"全国一盘棋"布局。以星艺品质、星艺文化、星艺服务打造不可复制、独具特色的星艺模式。"星模式"创造了无可替代的"星奇迹"，"星力量"成就了不可复制的"星辉煌"。

精耕家装行业，一切为了品质交付。星艺装饰拥有"泥、木、水、电、油、灰、安全、形象、服务、工程管控"十大工程施工标准，大力践行"星匠精神"。10 大流程管控、6 大保障、540 个验收节点……更多节点设计，更多品质保障，工程到边到角，标准无处不在，以优良的品质，为交付全面赋能。

关于模式创新和渠道建设，星艺装饰以客户需求为导向，致力于打造高效供应链平台和体系，推出以"星艺设计＋星艺特色产品"为导向的整装模式，将主材产品和服务，从厂家、商家直接送达到星艺全国每个工地的整个链条，以提高工地质量和效率为目标的品质交付保证。星艺供应链实行零利润配送和精准对接服务，真正做到了价格优势、质量保证、避免压仓，实现了确保

交付的赋能。让客户更多选择，让客户集中选择，变被动为主动，以变应变，以变"迎"变。

在三十多年的发展中，星艺装饰孜孜不倦地打造学习型团队，以"今天不学习，明天就出局"倡导和推动公平公正的企业创新机制，并以不断创新的精神，为企业谋发展，为行业做榜样，从环保、艺术、智能等方面开拓创新，重研发为创新，重品质为交付，致力于打造中国人"住"的品牌。

三、星艺质量锤，"砸"出一个"星饰界"

坚守标准，坚守匠心，星艺装饰全面落实"两个坚守"，大力践行"星匠精神"。"星匠精神"是星艺人 32 年来形成的一种职业创造精神，是一种精益求精的工作态度，是一种心存敬畏，执着专一的价值观，是一种立足长远、追求自主创新的责任和使命。

1998 年，星艺装饰向社会发布了装修质量锤宣言："让工地开口说话！"星艺质量锤是星艺品质的捍卫者，"砸"出标准、"砸"出品质、"砸"出精品，真正做到"用好业主每一分钱"和"让每一个客户满意"。2006 年，星艺质量锤全新造型亮相——锤身为罗马柱，狮头立于其上。锤身罗马柱象征着星艺所处的装饰行业，锤身上部的万兽之王狮子彰显了星艺引领行业的决心和魄力。

2001 年，星艺装饰绿色家装万里行大型系列活动在广州、上海、北京等 12 个城市同时举行，成为业界早期"健康家居"的捍卫者。多年来，星艺装饰与生态板业基地和木门、家具工厂深度合作，实行主、辅材料的全国统一配送，集团直采，高端定制，从源头上保证了装饰材料的环保安全、质量安全和价格优势。星艺装饰与众多行业领导品牌合作，通过强强联合、相互协同来满足消费者对品牌、品质的极致要求，达到品牌与品牌间的高度协同、相互赋能。

一直以来，星艺装饰研发部门高度重视装修和材料研发工作，引导和鼓励优秀星艺人积极参与装饰技术革新，在装饰装修的安全施工、质量指标、外观设计、绿色环保等方面力求突破。星艺装饰研发出"大理石门槛结构""波纹管连接件""开关插座底盒连接件"等多项国家实用新型专利和外观设计专利，彰显品牌实力，为品质交付保驾护航。

品质交付是星艺装饰的核心竞争力。严管共抓，全面压紧压实主体责任，严管工程管理安全，严格按照标准和规范执行，打造质量过硬、绿色环保、安全舒适的家装工程。